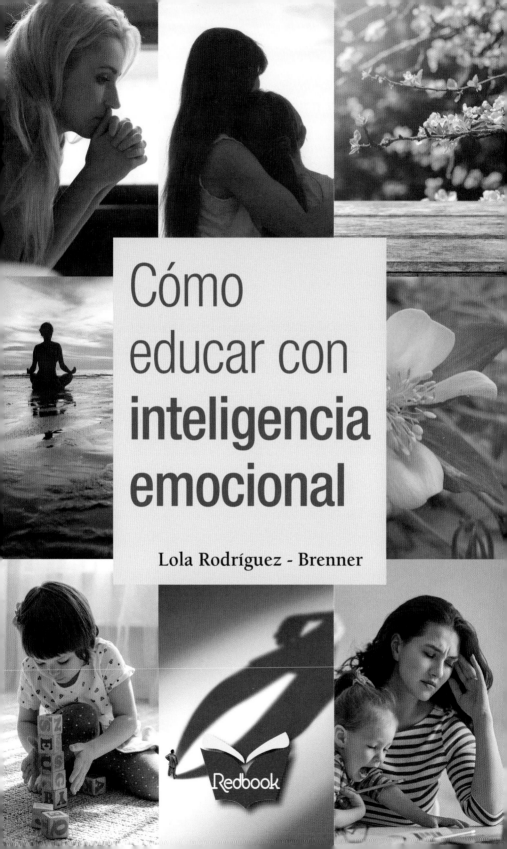

Cómo educar con inteligencia emocional

Lola Rodríguez - Brenner

Redbook

© 2022, Lola Rodríguez-Brenner
© 2022, Redbook Ediciones, s. l., Barcelona

Diseño de cubierta: Regina Richling
Diseño de interior: Primo Tempo

ISBN: 978-84-9917-661-1
Depósito legal: B-1846-2022

Impreso por Sagrafic, Passatge Carsi 6, 08025 Barcelona
Impreso en España - *Printed in Spain*

Índice

Introducción
Aprender a usar las emociones de forma inteligente 7
Emociones e inteligencia 8

1. Educar con inteligencia emocional
Qué es la inteligencia emocional. 10
Las emociones en psicología y pedagogía 16

2. Cerebro humano y emociones
Empatía. Las neuronas espejo. 25
Edades y emociones. Educación emocional de 0-3 años 26

3. El entorno. En casa
Familia capaz de compartir y de resolver problemas con cariño . . . 50
El humor familiar, vitaminas para la acción 58
Telefonía y pantallas. Plataformas de cine 61
¿Nuestros hijos pueden aprender a relacionarse
en redes sociales? 66

4. Aprender con las emociones
Los colores de las emociones 74
Emociones frecuentes. Miedo. 77
Miedo, ansiedad y estrés. 78
Tristeza. 88
Alegría 92

5. Estrategias para la autoconciencia emocional

Disciplina positiva 102
Educar en positivo. El resultado 108
En casa. Conciencia de uno mismo 111
¿Manipulamos emocionalmente a nuestros hijos? 112
En la escuela. Potenciar la inteligencia emocional en los niños . . . 115

6. De la ansiedad a la empatía

Un niño ansioso 118
Señales del estrés infantil 120
Qué puede ayudar 121
¿Qué es la resiliencia? 122
¿Y la empatía? 127

7. Recursos. Relajación y meditación

El arte de respirar 134
Meditación 141
Meditaciones para niños 144

8. Cuentos y juegos

Cuentos y juegos para desarrollar una educación
emocionalmente inteligente 148
Fábulas para niños sobre la frustración 148
Actividades caseras 150
Jugar para que todos ganen 152

Para saber más

Bibliografía y agradecimientos 159

Introducción

Aprender a usar las emociones de forma inteligente

El test que mide el coeficiente intelectual de las personas (CI) ha estado presente durante muchos años dentro del campo de la psicología, sobre todo en Norteamérica. Este medidor de la inteligencia humana se creó, en principio, como una herramienta de ayuda para los educadores, que así podían orientar el contenido educativo que ofrecían a sus alumnos, teniendo en cuenta su capacidad y limitaciones.

Sin embargo, hoy sabemos que medir solo el coeficiente intelectual es limitado. Sobre todo, porque no tiene en cuenta otros aspectos importantes y complejos del cerebro y el comportamiento humanos. Howard Gardner habla de inteligencias múltiples: su teoría incluye ocho tipos de inteligencia (espacial, musical, lingüística, lógico-matemática...) que podemos estudiar como un paso adelante hacia una enseñanza y una gestión de la salud más personalizados. Por otra parte, no es de extrañar que en lugares como Bután estén más interesados en el Índice de Felicidad que en los indicadores económicos o de productividad.

Los avances en neurociencia son relativamente recientes y es ahora cuando empezamos a conocer mejor el funcionamiento de nuestro cerebro. Los datos neurobiológicos actuales empiezan a ser elocuentes y a demostrar la importancia que tienen las emociones para condicionar y regular nuestro comportamiento. Incluso en el mundo empresarial se ha comprobado que entre un quince y un veinte por ciento del tiempo laboral suele perderse en «malentendidos» y falta de fluidez en la comunicación… Así que también por este motivo es lógico que el estudio de la inteligencia emocional (IE) despierte tanto interés.

Emociones e inteligencia

La inteligencia emocional es el uso inteligente de las emociones: hacer que, intencionalmente, las emociones trabajen a favor de cada persona, utilizándolas de manera que nos ayuden a guiar la conducta y los procesos de pensamiento. Con ello todo serán ventajas y bienestar personal.

Sabemos por experiencia que los niños con una educación emocional positiva y estable muestran una capacidad intelectual más abierta y adecuada, sobre todo si tenemos en cuenta que, muy a menudo, nuestras emociones pueden llegar a desbordarse y hacernos actuar de manera inadecuada. Es aquí donde surge la necesidad y la gran importancia de educarnos emocionalmente. Es decir, usar con inteligencia los sentimientos para afrontar la vida con equilibrio, humor, perseverancia y, sobre todo, con capacidad para automotivarnos y encarar con entusiasmo nuestras iniciativas y nuestra vida.

Nuestra actitud ante las vivencias de los niños es esencial para su educación y desarrollo personal.

1. Educar con inteligencia emocional

«Tenemos
una tecnología de dioses,
unas instituciones
de la Edad Media y
unas emociones
de la Edad de Piedra»

¿Qué es la inteligencia emocional?

En la tradición occidental, la reflexión e investigación sobre la emoción y el conocimiento se han desarrollado de manera paralela, e incluso se han considerado como conceptos opuestos. Ya en la antigua Grecia los filósofos destacaron el lado racional de la mente en detrimento del emocional y concibieron ambas partes por separado. Decían que la inteligencia era necesaria para dominar y reprimir las pasiones más primarias.

Por eso nuestra cultura está profundamente impregnada por la creencia fundamental de que la razón y la emoción son terrenos separados e irreconciliables y que, en una sociedad civilizada, la racionalidad debe prevalecer. La nueva mirada al mundo emocional evidencia el importante papel que han jugado las emociones en la génesis de las capacidades mentales más elevadas, como la inteligencia o el sentido de la moralidad.

Hoy se considera la idea de inteligencia emocional como la gran revelación de la psicología del siglo XX, en cuanto a los nuevos elementos que aporta para la comprensión de la inteligencia humana. Todo ello permite una visión más realista de todo lo que conduce a la eficacia y adaptación personal, ayudando a tener una visión más equilibrada del papel que juegan el conocimiento y la emoción en la vida de las personas. Hay un gran auge de las investigaciones en este campo, de tal forma que la inteligencia emocional es un concepto en amplia expansión.

Peter Salovey y John Mayer, de las universidades de New Hampshire y de Yale, en EE.UU., fueron de los primeros investigadores en utilizar el término «Inteligencia Emocional», pero la popularidad y notoriedad se dieron a partir de la publicación del libro *La Inteligencia Emocional*, escrito por el psicólogo norteamericano Daniel Goleman en 1995 y que es considerado como el padre de esta nueva forma de conocimiento humano.

De acuerdo con Goleman (1996, 1999, 2001), los individuos emocionalmente desarrollados, es decir, las personas que gobiernan adecuadamente sus emociones y que también saben interpretar y relacionarse efectivamente con las emociones de los demás, disfrutan de una situación ventajosa en todos los dominios de la vida. Estas personas suelen sentirse más satisfechas, son más eficaces y más capaces de dominar los hábitos mentales que determinan la productividad.

Por el contrario, quienes no pueden controlar su vida emocional, se debaten en constantes conflictos internos que socavan su capacidad de trabajo y les impiden pensar con suficiente claridad.

Intrapersonal / Interpersonal

Goleman afirma también que la inteligencia emocional tiene un componente intrapersonal y un componente interpersonal. Lo intrapersonal comprende las capacidades para la identificación, comprensión y control de las emociones en uno mismo, que se manifiestan en la autoconciencia y el autocontrol. El componente interpersonal, comprende a su vez la capacidad de identificar y comprender las emociones de las otras personas, lo que en psicología se denomina ser empático; y la capacidad de relacionarnos socialmente de una manera positiva; es decir, poseer habilidades sociales.

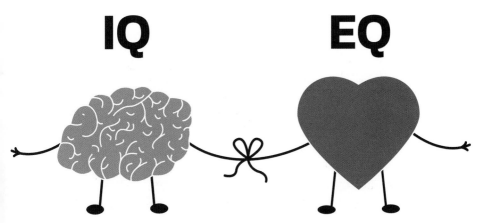

¿Qué es preferible, tener razón o ser feliz?

La inteligencia emocional se refiere a la capacidad de percibir e identificar, comprender y manejar las emociones en uno mismo y en los demás, y es la base de la competencia emocional, entendida como una capacidad que puede desarrollarse a través de la educación. Desde esta perspectiva, la inteligencia emocional es una habilidad que implica tres procesos:

1. Percibir: reconocer de forma consciente nuestras emociones e identificar qué sentimos y ser capaces de darle una etiqueta verbal.
2. Comprender: integrar lo que sentimos dentro de nuestro pensamiento y saber considerar la complejidad de los cambios emocionales.
3. Regular: dirigir y manejar las emociones tanto positivas como negativas de forma eficaz.

Así, la inteligencia de las emociones se refleja en la manera en que las personas interactúan con el mundo. Las personas emocionalmente inteligentes toman muy en cuenta sus propios sentimientos y los de los demás; tienen habilidades relacionadas con el control de los impulsos, la autoconciencia, la valoración adecuada de uno mismo, la adaptabilidad, motivación, el entusiasmo, la perseverancia, la empatía, la agilidad mental, que configuran rasgos de carácter como la autodisciplina, la compasión o el altruismo, indispensables para una buena y creativa adaptación.

LAS PERSONAS ADULTAS EMOCIONALMENTE INTELIGENTES...

- Saben qué emociones experimentan y por qué.
- Perciben los vínculos entre sus sentimientos y lo que piensan, hacen y dicen.
- Conocen sus puntos fuertes y débiles.
- Son reflexivas y se muestran seguras de sí mismas.
- Controlan su impulsividad y las emociones perturbadoras.
- Piensan con claridad y no pierden el control cuando son sometidos a presión.
- Son socialmente equilibradas y comprenden los sentimientos y preocupaciones de los demás, así como su perspectiva.

Estas características serían un ideal que nos podría orientar; desde luego no existen personas con todas estas cualidades y no en todo momento, pero entender esto nos puede ayudar a manejarnos mejor como personas y sobre todo a la hora de educar a nuestros hijos.

Las personas tenemos una capacidad que aún no sabemos usar del todo: la de pensar y, a menudo, cometemos el error de creer que somos lo que pensamos. Pero no somos nuestros pensamientos. Somos animales capaces de pensar (por este orden, ¡y solo a veces!).

Podemos reconocer que, como animales, tenemos un cuerpo, unas sensaciones, unas reacciones físicas y unas emociones. Si olvidamos esto, negamos nuestra esencia, nos ponemos de espaldas a la vida y de

cara a la razón. Hay pues dos posibilidades: mirar con el «corazón», por llamar de alguna forma a nuestra esencia animal, y mirar con la «razón», aludiendo de alguna manera a nuestra capacidad de pensar.

Tomar la opción del corazón implica reconocer lo que sentimos y nuestras emociones: nuestra afectividad. Las emociones positivas nos hacen felices, y las negativas nos ayudan a hacer algo para solucionar los problemas.

¿Podemos enseñar en casa a nuestros hijos para que sean emocionalmente inteligentes?

El proceso de educar emocionalmente a los niños es en estos momentos una de las tareas más apasionantes en pedagogía... y en el entorno familiar. En este libro hemos reunido una serie de herramientas y sugerencias sencillas y fáciles de poner en marcha, tanto en casa como en la escuela. Son propuestas multidisciplinares y ampliamente probadas, que esperamos sean de utilidad para todos. Conviene abordar y desarrollar:

1. Conciencia de uno mismo o autoconciencia. Para que el niño tenga un conocimiento pleno sobre sí mismo.

2. Autorregulación. Más que eliminar sentimientos como la rabia o la frustración en nuestros hijos, lo que debemos hacer es que los conozcan y sepan cómo manejarlos.

3. Motivación.

4. Empatía.

5. Habilidades sociales.

MIRADAS SOBRE EL MUNDO EMOCIONAL

- La emoción es un proceso complejo, multidimensional, en el que están integradas respuestas de tipo neurofisiológico, motor y cognitivo.
- En los seres humanos emoción y cognición están integrados. Ser solamente racionales nos niega el acceso a una fuente compleja de conocimiento emocional, que informa adaptativamente a la acción y contribuye a la toma de decisiones y resolución de problemas. Las emociones son indispensables para la toma de decisiones, porque orientan en la dirección adecuada.
- Nuestro bagaje emocional tiene un extraordinario valor de supervivencia. Esta importancia se confirma por el hecho de que las emociones han terminado integrándose en el sistema nervioso en forma de tendencias innatas y automáticas.
- Así que todos tenemos dos mentes, una mente que piensa y otra que siente, y estas dos formas de conocimiento interactúan para construir nuestra vida mental. La mente racional es la modalidad de comprensión de la que solemos ser más conscientes, nos permite ponderar y reflexionar. Según Goleman, el otro tipo de conocimiento, más impulsivo y más poderoso –aunque a veces resulte ilógico– es la mente emocional.
- Existe una razón para que seamos emocionales. Nuestras emociones son parte de nuestra inteligencia. Por eso es tan necesario resolver la división entre emocional y racional; será un nuevo gran paso adelante.
- Las emociones son importantes para el ejercicio de la razón. El cerebro emocional se halla tan implicado en el razonamiento como lo está el cerebro pensante. La emoción guía nuestras decisiones instante tras instante, trabajando mano a mano con la mente racional y capacitando, o incapacitando, al pensamiento mismo. Se ha llegado a afirmar que alguien que careciera de emociones no solo sería menos inteligente, sino que también sería menos racional.

El bagaje emocional y la conciencia personal forman parte de los valores de supervivencia.

Las emociones en psicología y pedagogía

«Las emociones, y no la estimulación cognitiva, constituyen los cimientos de la arquitectura mental primaria», señala el psiquiatra y pediatra Stanley Greespan. En su planteamiento sobre la importancia de las emociones considera que ejercen un papel más decisivo a la hora de crear, organizar y coordinar muchas de las más importantes funciones cerebrales. Dice: «la afectividad, la conducta y el pensamiento deben entenderse como componentes inextricables de la inteligencia. Para que la acción y el pensamiento tengan sentido, deben ser guiados por la finalidad o el deseo (a saber, el afecto). Sin afecto, ni la conducta ni los símbolos tienen sentido alguno».

Hoy se considera que las situaciones emocionales intensas estimulan la inteligencia, ayudando a las personas a priorizar los procesos del pensamiento. Por tanto, más que interrumpir el pensamiento lógico, las emociones ayudan a un mejor pensamiento.

Según Rafael Bisquerra, uno de los pioneros en educar con inteligencia emocional en nuestro país, las emociones son «reacciones a las informaciones (conocimiento) que recibimos en nuestras relaciones con el entorno. La intensidad de la reacción está en función de las evaluaciones subjetivas que realizamos sobre cómo la información

ELEMENTOS DE LA EMOCIÓN

En una emoción se dan los siguientes elementos:

- Una situación o estímulo con potencial o características para generarla.
- La reacción corporal o fisiológica en forma de respuestas involuntarias: cambios en el ritmo cardíaco o respiratorio, aumento de sudoración, cambios en la tensión muscular, sudoración, sequedad en la boca, presión sanguínea.
- Una persona capaz de percibir esa situación, procesarla correctamente y reaccionar ante ella.
- El significado que la persona conceda a dicha situación, lo que permite etiquetar una emoción en función del dominio del lenguaje con términos como alegría, tristeza, enfado...
- La experiencia –emocional– que se siente ante esa situación.
- La expresión motora-observable: expresiones faciales de alegría, ira, miedo, entre otras; tono y volumen de voz, movimientos del cuerpo, sonrisa, llanto y otros.

recibida va a afectar nuestro bienestar». En estas evaluaciones subjetivas intervienen conocimientos previos, creencias, objetivos personales, percepción de ambiente provocativo, etc. Una emoción depende de lo que es importante para nosotros. Si la emoción es muy intensa puede producir disfunciones intelectuales o trastornos emocionales como el conocidísimo estrés, la fobia o la depresión.

El proceso emocional

La investigación sobre el cerebro emocional tiene sus antecedentes en las investigaciones de Sperry y MacLean. Roger Sperry fue el investigador que ganó el Premio Nobel de Medicina en 1981 al descubrir que el hemisferio derecho de nuestro cerebro contribuye a la inteligencia tanto como lo hace el hemisferio izquierdo.

Por su parte, Paul MacLean (1949), estableció que la totalidad del cerebro está conformada por tres estructuras diferentes: el sistema neocortical, el sistema límbico y el sistema reptil. Estos sistemas, según MacLean, son física y químicamente diferentes, pero están entrelazados en uno solo que denominó cerebro triuno. Las emociones se localizan, de acuerdo con esta teoría, en el sistema límbico. Veremos un poco más de cerca el sistema límbico y el cerebro en el capítulo siguiente.

Observar las emociones. El mono encadenado

Como afirma la doctora en psicología Jenny Moix, nuestra ira, tristeza, vergüenza, a todas nuestras emociones les pasa lo mismo que a un mono encadenado. «Ellas se comportan de forma natural, pero las juzgamos inapropiadas y las atamos. Ahora se le llama control o gestión emocional. Un término desafortunado que se ha puesto de moda».

Miremos los dos bandos. Por un lado, la emoción y por el otro el control. Control en forma de represión, negación, distracción, esfuerzo, culpa…

«Nuestra tendencia es hacia el control, pero si abriéramos las puertas a todas las emociones sin juzgarlas y simplemente las viviéramos podríamos sentir nuestra maravillosa humanidad plenamente. Liberemos al mono».

Descubrir y confirmar la influencia de los pensamientos sobre las emociones ha significado un gran avance, tanto en el tratamiento como en la prevención del trastorno depresivo. Los estudios más recientes sobre el humor y los estados de ánimo han demostrado que su variación depende en gran medida del tipo de pensamientos que se hayan tenido antes. Una idea, un juicio de valor o un concepto negativo provocan inmediatamente una reacción anímica afín.

Ahora bien, ¿qué hemos de tener en cuenta antes de poner en marcha los recursos que generarán una buena educación emocionalmente inteligente? Vamos a verlo.

2. Cerebro humano y emociones

«Sonreíd.
Es contagioso»

PAULA NIEDENTHAL

Cerebro humano y emociones

Vamos a ver brevemente el camino de las emociones en el cuerpo humano antes de ocuparnos de las propuestas que ayudan a crear un entorno familiar de afecto y capacidad para compartir y resolver problemas.

Tres cerebros en uno

Al cabo de millones de años, el cerebro humano ha pasado de ser un sistema primitivo a convertirse en una obra, por ahora, de complejidad inabarcable. Durante estos millones de años, el cerebro ha ido creando estructuras que le han permitido encontrar alimento, evitar peligros, buscar seguridad y, finalmente, comunicarse y resolver con eficacia problemas complejos. Esta evolución ha quedado plasmada en un sistema que, en lugar de ir transformándose en algo distinto de lo que fue, se ha actualizado y ha incorporado nuevas habilidades y herramientas,

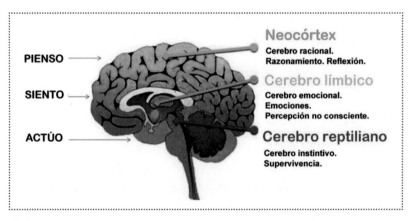

PIENSO

SIENTO

ACTÚO

Neocórtex
Cerebro racional.
Razonamiento. Reflexión.

Cerebro límbico
Cerebro emocional.
Emociones.
Percepción no consciente.

Cerebro reptiliano
Cerebro instintivo.
Supervivencia.

además de las que ya tenía. En este camino, cada paso ha quedado reflejado en la propia configuración del cerebro, permitiéndonos diferenciar entre unas estructuras más antiguas, altamente especializadas en procesar emociones, y otras más modernas, capaces de complejas operaciones intelectuales. Por eso hemos de educar prestando atención a los distintos niveles que configuran el cerebro del niño.

Sistema límbico

El sistema límbico, también llamado cerebro emocional, asocia diferentes partes del sistema cerebral (amígdala, hipotálamo, hipocampo y tálamo) con las emociones. El hipocampo y la amígdala fueron dos piezas claves del primitivo cerebro «olfativo» que, a lo largo del proceso evolutivo, terminó dando origen al córtex y posteriormente al neocórtex.

La amígdala está especializada en las cuestiones emocionales vinculadas con la supervivencia y en la actualidad se entiende que es una estructura límbica muy ligada también a los procesos de aprendizaje y memoria. La amígdala es una especie de depósito indeleble de la memoria emocional, lo registrado en ella es indeleble y, en consecuencia, también se puede considerar como un depósito de significado.

Joseph LeDoux, un neurocientífico del *Center for Neural Science* de la Universidad de Nueva York, fue el primero en descubrir el importante papel que desempeña la amígdala en el cerebro emocional. Este investigador encontró que junto a la larga vía neuronal que va al córtex, existe una pequeña estructura neuronal que comunica directamente al tálamo con la amígdala. Esta vía secundaria y más corta (una especie de atajo) permite que la amígdala reciba algunas señales directamente de los sentidos y emita una respuesta antes de que sean registradas por el neocórtex, lo que explica la forma en que la amígdala asume el control cuando el cerebro pensante, el neocórtex, todavía no ha llegado a tomar ninguna decisión.

Un camino directo para las emociones

Este descubrimiento ha dejado obsoleta la antigua noción de que la amígdala depende de las señales procedentes del neocórtex para formular su respuesta emocional, a causa de la existencia de esta vía de emergencia capaz de desencadenar una respuesta emocional. Hoy se sabe que la amígdala puede llevarnos a actuar incluso antes que el neocórtex despliegue sus también más refinados planes de acción. Anatómicamente hablando, el sistema emocional puede actuar independientemente del neocórtex.

Existen ciertas reacciones y recuerdos emocionales que tienen lugar sin la menor participación cognitiva consciente. La investigación sugiere que el hipocampo (que durante mucho tiempo se había considerado como la estructura clave del sistema límbico) no tiene tanto que ver con la emisión de respuestas emocionales como con el hecho de registrar y dar sentido a las percepciones, es decir con la memoria emocional. La principal actividad del hipocampo consiste entonces en proporcionar una aguda memoria del contexto, algo que es vital para el significado emocional de los acontecimientos.

La conexión con la amígdala es muy rápida, una conexión directa, pero no muy precisa, puesto que la mayor parte de la información sensorial va a través del otro camino hacia el neocórtex, donde es analizada en varios circuitos mientras se formula una respuesta.

Mientras tanto, la amígdala valora rápidamente los datos para ver si tienen un significado emocional y puede dar una respuesta mientras el neocórtex todavía está ordenando las cosas.

Las emociones pueden ser muy difíciles de controlar porque la amígdala conecta otras partes del cerebro antes de que lo haga el cerebro pensante, el neocórtex. Puesto que la amígdala tiene distintas conexiones con las partes del cerebro que controlan el sistema nervioso autónomo, así como conexiones con el córtex, que es el responsable de la experiencia consciente, existe la hipótesis de que la amígdala sirva de lugar de convergencia, lo que le confiere un papel principal en la vida emocional, de modo que puede movilizar el cuerpo para responder con una emoción fuerte, especialmente el miedo, antes que el cerebro sepa exactamente lo que está pasando. Y esto es así por su función de autoconservación de la vida. Sería como un reflejo emocional que actúa rápidamente para protegernos, luego el córtex modula la respuesta.

Pensamientos y sentimientos

Gracias a Goleman se conocen mejor las conexiones que existen entre la amígdala y el neocórtex, y que son el centro de gravedad de la relación entre pensamientos y sentimientos. Por ejemplo, mientras la amígdala prepara una reacción

ansiosa e impulsiva, otra parte del cerebro emocional se encarga de elaborar una respuesta más adecuada.

El regulador cerebral que desconecta los impulsos de la amígdala parece encontrarse en el lóbulo prefrontal, que se halla inmediatamente detrás de la frente. Habitualmente las áreas prefrontales gobiernan nuestras reacciones emocionales.

En el neocórtex, una serie de circuitos registra y analiza la información, la comprende y organiza en los lóbulos prefrontales. Y si a lo largo de ese proceso se requiere de una respuesta emocional, es el lóbulo prefrontal quien la dicta, trabajando en equipo con la amígdala y otros circuitos del cerebro emocional. Éste suele ser el proceso normal de la elaboración de una respuesta que, con la sola excepción de las urgencias emocionales, tiene en cuenta el discernimiento.

Cuando una emoción se dispara, los lóbulos prefrontales ponderan los riesgos y los beneficios de las diversas acciones posibles y apuestan por la que considera más adecuada. El tiempo cerebral invertido en la respuesta neocortical es mayor que el que requiere el mecanismo de las urgencias emocionales porque las vías nerviosas implicadas son más largas. Pero no debemos olvidar que también se trata de una respuesta más juiciosa y considerada porque, en este caso, el pensamiento se une al sentimiento.

De las frías cifras del Coeficiente Intelectual a los valores de la Inteligencia Emocional.

Empatía. Las neuronas espejo

A principios de la década de 1990 se descubrieron de forma casual unas neuronas en el cerebro de un mono capaces de activarse, tanto al ejecutar acciones como cuando observaba a alguien realizar la misma acción. Este descubrimiento se considera como el inicio de la teoría de las neuronas espejo.

Numerosas investigaciones posteriores han demostrado la existencia de sistemas de neuronas que se activan, tanto cuando se ejecuta una acción, como cuando se observa cómo la ejecuta otra persona. La comprensión del significado de las acciones ajenas sería la función principal de las neuronas espejo.

Las neuronas espejo hacen posible la comprensión de los estados emocionales de otras personas. Es decir, la empatía. Cuando vemos a alguien que expresa una emoción o sentimiento, comprendemos su estado emocional porque se activan nuestras neuronas espejo. Esto nos lleva a ponernos en su lugar y experimentar nosotros mismos un estado emocional similar.

Se dice que las neuronas espejo son una evidencia de los contagios emocionales, y que las emociones que difundimos son las que se nos devuelven. En todo caso, lo que está demostrado es que si hay deficiencias en el funcionamiento de las neuronas espejo podrían darse una incapacidad para ponerse en el lugar del otro. Y por tanto la incapacidad para experimentar empatía y compasión. Asimismo, podría comportar trastornos que impidan participar en el jolgorio de grupo con motivo de alguna fiesta o alegría.

EDADES Y EMOCIONES
Educación emocional de 0-3 años

Las emociones están presentes incluso en la vida uterina. El ser humano podríamos decir que nace prematuro, muy dependiente para su supervivencia de los padres, y eso durante mucho tiempo. El bebé humano, cuando nace, tiene fuertes emociones y una capacidad rudimentaria para experimentarlas. Todo es muy intenso, sin embargo, viene capacitado para notificar a su entorno su malestar o su alegría. Es el entorno el que deberá satisfacer sus necesidades y aliviar sus malestares. Desde el nacimiento, si todo va bien, se inicia un proceso de modulación de las emociones que se aprende intuitivamente a partir de la relación con los cuidadores.

El primer año de vida es crucial en el desarrollo de la tolerancia a la frustración, y en el desarrollo de un apego seguro.

A los dos años, el niño ya sabe que es un ser independiente y empieza a tomar sus decisiones y a gozar de una cierta autonomía. Empieza a querer hacer cosas y tomar decisiones por sí mismo. También nace en él el deseo de relacionarse con otros niños de su edad.

Conocer, comprender y controlar las emociones es un proceso largo, y su hijo lo acaba de iniciar. Sus emociones afloran, pero aún no las controla. Eso genera frustración, que muchas veces deriva en rabieta. Es un buen momento para poner atención en el desarrollo de su inteligencia emocional.

• **Explorar el mundo y sus límites.** A esta edad, su hijo se lanza a descubrir el mundo que le rodea. En sus exploraciones, busca los límites: los de su entorno y los suyos propios. Actúa por el principio de ensayo y error y, cuando el ensayo no prospera, se frustra. Es una frustración que el pequeño aún no puede controlar adecuadamente, por lo que, a menudo, desemboca en llantos y pataletas. Lo mismo ocurre cuando se le ponen límites.

En realidad es una reacción positiva que demuestra que el niño está luchando para dominar sus emociones y sus impulsos. Pondremos límites razonables y no dejaremos que se los salte, siempre con mucha paciencia.

• **Emociones más complejas.** A medida que el niño crece, sus emociones se van haciendo más complejas. Probablemente empiecen a aparecer sentimientos nuevos como el orgullo, la vergüenza, la timidez o los miedos. Tiene que ayudarle a comprender esas emociones que aún no controla. Su pequeño empieza a darse cuenta de que las personas que le rodean también tienen sentimientos y experimentan emociones. Quiere saber lo que les ocurre a los demás y por qué. Puede que al ver a su hermano llorando, intente consolarlo: está desarrollando su empatía. No le oculte las emociones negativas, ha de aprender que forman parte de la vida. Y comparta con él las alegrías, ¡naturalmente!

• **Canalizar las emociones.** Al fomentar la inteligencia emocional de su hijo, le estará dando las herramientas necesarias para aprender a canalizar sus emociones. Ayúdele a reconocer la alegría, la tristeza, el miedo o la rabia. Nómbrele las emociones y ayúdele a afrontarlas, enseñándole a expresar sus sentimientos. Cuando tenga que comunicarle una prohibición, establecer un límite o hacerle una pregunta, háblele despacio y mirándole a los ojos. Y escúchelo siempre, para que en el futuro pueda expresarse en un ambiente de confianza.

La psicóloga Begoña Ibarrola describe esta etapa, en la que hay una clara conexión entre desarrollo emotivo, cognitivo y social. Y también muestra cómo, a medida que avanza el desarrollo de los niños, sus reacciones emocionales se van haciendo cada vez más complejas tanto en su origen como en sus sistemas de expresión y en la creciente conciencia que las acompaña.

Por eso, hablar de desarrollo emocional de niños y niñas es impensable sin hablar de desarrollo emocional de padres y madres. En segundo término, pero no menos importante, de todo el mundo de relación y de cultura afectiva al que la criatura tiene acceso y del que recibe significados desde que nace.

• **Confianza.** El desarrollo emocional o afectivo se refiere al proceso por el cual el niño construye su identidad, su autoestima, su seguridad y la confianza en sí mismo y en el mundo que lo rodea, a través de las interacciones que establece y ubicándose a sí mismo como una persona única y distinta. A través de este proceso el niño puede distinguir las emociones, identificarlas, manejarlas, expresarlas y controlarlas. Es un

proceso complejo que involucra tanto los aspectos conscientes como los inconscientes.

Conocer qué es lo esperable en el desarrollo de un niño hasta los tres años es fundamental. Nos permite acompañarlo, observarlo, respetando el tiempo individual que cada uno necesita para crecer. Pero también permite adquirir criterios de alarma cuando el desarrollo queda obstaculizado.

Por eso es muy importante conocer los hitos en el desarrollo emocional, los aspectos que nos esperan y las necesidades emocionales que tiene un niño pequeño para detectar cualquier dificultad o problema y poder intervenir de manera más rápida y eficaz, dentro de un proceso de prevención y detección temprana.

De 0 a 12 MESES

La educación de las emociones empieza en la cuna, incluso antes de nacer[*]. Al nacer el bebé está indefenso y totalmente dependiente del entorno que le rodea. Entre sus necesidades básicas destacan:

• La protección de los peligros contra la vida y la salud.
• Los cuidados básicos: la alimentación, higiene, sueño.
• El establecimiento de vínculos afectivos con algunos adultos.
• La exploración de su entorno físico y social.
• El juego, con objetos y personas.

La capacidad para responder emotivamente ya se encuentra presente en los recién nacidos y la primera señal de conducta emotiva es la excitación general, debido a una fuerte estimulación. Sin embargo, al nacer, el pequeño no muestra respuestas bien definidas que se puedan identificar. Antes de que pase el período del neonato, la excitación general del recién nacido se diferencia en reacciones sencillas que sugieren placer y desagrado.

---

[*] Sobre la educación prenatal del niño podéis leer el libro *Técnica metamórfica*, de Gaston Saint-Pierre, y un artículo sobre este tema en la revista *Integral* 463.

Las respuestas desagradables se pueden obtener modificando la posición del bebé, produciendo ruidos fuertes y repentinos, impidiéndole los movimientos. Esos estímulos provocan llanto y actividad masiva. Las respuestas agradables se ponen de manifiesto cuando el bebé mama.

• **Tono emocional.** Desde los primeros meses de vida, los bebés entran a formar parte activa de un mundo físico y social, mostrando un tono emocional diferente en función de los estímulos con los que están interactuando.

Los tres primeros meses sus reacciones emocionales cuando se siente bien o mal son exageradas: llanto o reacciones positivas y sonrisas. En un principio el llanto y el grito son una descarga, luego pasarán a convertirse en elementos de comunicación con intencionalidad, pues se da cuenta de que sus gritos le proporcionan la satisfacción de sus necesidades. Más tarde incorporará gestos y luego palabras.

• **Rabia y disgusto.** A partir de los 4-5 meses aparecen la rabia y el disgusto, respondiendo cada vez más a las caras y a la voz, puesto que a partir de las diez semanas son capaces de distinguir las caras de alegría, tristeza y enfado, así como de imitarlas.

• **Miedo y ansiedad.** A partir de los 6-7 meses reacciona ante lo desconocido con cierta tensión y miedo. Dado que el niño de esta edad ya es capaz de retener en la memoria objetos y personas, se alegrará al ver «caras» conocidas, y, de forma complementaria, sentirá miedo ante la presencia de adultos extraños.

Con todo ello, el miedo y ansiedad que manifiestan ante la separación temporal, generalmente de la madre o adulto con quien haya establecido un vínculo afectivo básico, es uno de los principales problemas emocionales que los niños y niñas afrontan cuando tienen entre 7 y 10 meses. Esta ansiedad de separación será más o menos acusada según el conocimiento que tenga el niño de la persona que se queda a su cuidado (un hermano, otro familiar, un canguro) y, sobre todo, de la calidad del vínculo que haya establecido con el adulto a su cuidado. La activación del sistema de miedo depende de la evaluación que el niño realice de la situación.

La educación de las emociones comienza ya en los primeros compases vitales del ser humano.

• **Bromas.** Más o menos a partir de los 8 meses empiezan a tener un certero sentido de la broma. Cuando los adultos los miran hacen payasadas, o inician acciones que les han sido prohibidas jugando «a ver qué reacción provocan». Todo esto puede parecer trivial, pero ser reconocido como interlocutor es básico en el proceso constitutivo de la persona. Los niños no solo necesitan ser atendidos en sus necesidades primarias de alimentación y demás cuidados, necesitan ser también destinatarios de actos comunicativos que ellos piden con insistencia. A través de la risa y del humor compartidos, suele llegarles una forma de reconocimiento típicamente humano.

• **Alegría y enfado.** A partir de los 9 meses expresa con facilidad alegría, disgusto, rabia, y se da cuenta si las personas están contentas o enfadadas con él, reaccionando de forma diferenciada.

• **Captar las expresiones.** Al año capta la información que le ofrece el adulto, si debe aproximarse ante un extraño, o no. Ante un objeto que llame su atención mirará a la persona que le cuida como si buscara orientación: una expresión temerosa por parte del adulto o una falta de expresividad inhibe su exploración. Las expresiones emocionales de un adulto, por tanto, llegan a regular la conducta exploratoria y social del bebé. Los bebés juegan más cuando las caras de los cuidadores expresan alegría; cuando expresan tristeza no juguetean tanto y apartan la mirada.

• **Intercambio afectivo y lenguaje corporal.** El bebé irá expresando sus necesidades –biológicas, pero sobre todo psíquicas y afectivas– mediante gestos, actitudes y contactos visuales que provocarán reacciones en su entorno, dándose así un intercambio afectivo con los demás.

Sus emociones irán cambiando y se irán diversificando, así como la manera de expresarlas sobre el cuerpo (a través del tono muscular y de la tensión). El lenguaje del cuerpo será, pues, su primer lenguaje. Estas necesidades deberán ser atendidas, sin adelantar ni retrasar demasiado su satisfacción, cuidando a la vez la relación afectiva con el niño (acariciándole, hablándole...). El bebé ha de sentirse querido.

• **El temperamento del bebé se expresa desde los primeros días.** El temperamento es la parte heredada de la personalidad, es una forma característica de experimentar y responder a las reacciones con el medio.

La frecuencia y la rapidez con que reciben respuesta a sus señales de desequilibrio, tanto físico como emocional, les informan del mundo que les rodea. Sabrá si puede esperar respuesta con el primer llanto o si debe gritar durante mucho tiempo para que le atiendan como él necesita.

El bebé es muy sensible al estado emocional de quien lo cuida. Cómo se le alimenta, cómo se le coge, el tipo de diálogo que se establece con él, todas las interacciones modelan al niño. Los padres y cuidadores empáticos responderán mejor a las necesidades del bebé.

Sintonizar con el bebé supone haber aprendido a traducir correctamente sus expresiones* vocales y gestuales.

---

* Para saber más sobre esta cuestión, recomendamos *Un año para toda la vida*, de María Michelena (Ed. Prácticos siglo XXI). Es muy útil a la hora de ayudar a los padres primerizos y promover la salud mental.

De 13 a 18 MESES

En esta etapa el niño comienza a mostrarse amoroso: besos y abrazos no se hacen esperar a medida que explora las sensaciones agradables que trae consigo el contacto físico.

• **Afecto.** El niño muestra afecto, y no solo como respuesta al adulto. Le encanta que lo alaben, lo aplaudan y repite cada movimiento o acción que tenga una respuesta de elogio. Todo esto lo anima a practicar sus nuevas habilidades hasta que logre dominarlas por completo. Pero también vas a ser testigo de sus expresiones negativas a medida que se muestre obstinado y terco: pide una atención exclusiva y arroja con violencia los objetos que tenga a mano cuando está rabioso.

• **Celos y narcisismo.** A partir de los 15 meses pueden aparecer los celos. A esta edad hará furor el narcisismo, acompañado de nuevos sentimientos como los celos, la ansiedad, la confianza en sí mismo, el orgullo y la frustración. Con estas emociones surge también la habilidad del pequeño para expresarlas de forma sutil e indirecta.

• **Contacto físico.** Son varias las fases emocionales por las que puede pasar en un mismo día. Por la mañana es posible que esté pegado a la mamá, pero por la tarde tal vez quiera estar solo y jugar a su manera, de forma independiente.

También puede desarrollar miedo frente a cualquier situación, tener dificultad para conciliar el sueño y experimentar períodos de regresión en los cuales actúa como un recién nacido.

Una forma de atender las necesidades emocionales del niño es dedicar tiempo al contacto físico: abrazarlo, tocarlo y besarlo siempre que se pueda. El niño va a ser muy consciente de la forma como se le demuestra afecto a él, a la pareja y a los otros hijos, y aprenderá a expresar sus emociones por medio de la imitación.

De 19 a 24 MESES

• **Egocentrismo.** Esta etapa puede convertirse en un período emocional más difícil de llevar, pues el deseo de independencia y autonomía del menor riñe con su necesidad de dependencia. Y este tira y afloja genera en él un gran conflicto y frustración.

Esta fase de desarrollo está marcada por un fuerte egocentrismo. Si el niño quiere algo, debe ser 'para ya', y en su mente la gente que lo rodea solo existe para complacerlo y responder a sus demandas.

Ahora empieza a ser menos cariñoso y más aventurero que antes: no siempre quiere que lo mimen y cuando ha tenido suficiente, lo hace saber.

Asimismo, no quiere que se toque su silla o algunas de sus cosas favoritas; como ahora sabe que es una persona independiente y distinta a los adultos que le rodean, tratará de probar con frecuencia todos sus límites.

La conveniencia de un entorno con cierto sentido del orden y las rutinas es una valiosa ayuda para las emociones.

El camino a la independencia es su principal ocupación, lo que puede resultar frustrante para los padres. La conciencia de ser una persona diferente de sus padres le significa aprender a lidiar con ciertos imprevistos: no obtener siempre lo que desea. Ahora comprende que sus deseos son diferentes de los de sus padres.

• **Pataletas.** En esta etapa también se agudiza la ansiedad de separación. El fuerte deseo por la independencia y la autonomía con frecuencia se convierte en un apego excesivo o en una pataleta, que se suma a su confuso estado emocional. El pequeño muestra ansiedad cada vez que sus sentimientos se salen de control. Su rabia, con la cual pretende asustar a los adultos, le produce mayor miedo a él.

Conviene tener en cuenta que las pataletas provienen de la confusión interior del niño. Solo él puede resolver la indecisión que las motiva: la lucha entre la dependencia y la independencia.

El pequeño siente la necesidad de explorar los límites de su poder. Probar y manipular son una manera de conocer y establecer la fortaleza y la importancia de cada una de las expectativas de los padres. Si un proceder no ocasiona una reacción, no vale la pena repetirlo. Con frecuencia, mediante estas maniobras, un niño manipulador mantiene comprometidos a sus padres.

En vez de preocuparnos por el aburrimiento de los niños, atenderemos su ingenio y curiosidad.

Florece su sentido de independencia y «no» se convierte en su palabra preferida. Recibe cualquier solicitud con declarada negatividad. Se debe estar preparado y tomar con normalidad su conducta voluntariosa, ya que él solo quiere probar sus límites.

• **Fastidio y consuelo.** A los 24 meses se produce un cambio importante: el niño comienza a consolar de forma deliberada. Se vuelven expertos en fastidiar y consolar, es decir, empiezan a identificar las condiciones o acciones que desencadenan o hacen cesar un estado emocional en otra persona.

• **Angustia y límites.** Una cuarta parte de los niños no muestran compasión (falta de empatía). Los niños maltratados no suelen mostrar interés ante un niño afligido o incluso pueden mostrar hostilidad.

Cerca de los 2 años el niño se comunica a través de su cuerpo: si muerde o agrede nos manifiesta su necesidad de expresar su angustia o su necesidad de límites, o bien su dificultad para expresar de un modo adecuado sus sentimientos.

• **Curiosidad infantil.** Para que el niño vaya avanzando en su autonomía, habrá que asegurar que su curiosidad natural no se vea frenada, mientras no se ponga en peligro su seguridad ni la de los demás. Será esta curiosidad la que le impulsará a seguir aprendiendo.

No debe olvidarse que los padres son los modelos a seguir por lo que hacen más que por lo que dicen. Asimismo, es conveniente favorecer siempre la colaboración de ambos padres en la educación del niño con el fin de dar más riqueza identitaria y más referentes de apego.

De 2 a 3 AÑOS

A esta edad los niños pegan de un modo más o menos involuntario cuando se les frustra o no pueden conseguir algo que quieren, sin intención de hacer daño, aunque a veces utilizan estrategias, porque ya pueden predecir las reacciones de los demás, según su capacidad para imaginar.

Sus experiencias emocionales tienden a ser más cortas y menos frecuentes a medida que se acercan a los tres años.

Conviene transmitirle empatía con sus sentimientos, y a partir de ahí enseñarle a controlar sus emociones, para poder desarrollar un mundo emocional más equilibrado. Siguen expresando de forma exagerada sus emociones, sobre todo las negativas, pero su deseo de agradar al adulto es cada vez mayor. Por eso se esfuerza por expresarse de forma adecuada y controlar su conducta para recibir el elogio y evitar la desaprobación.

• **Envidia y pertenencia.** Aparece la emoción de la envidia, a medida que descubre el sentido de pertenencia, pero también cuando percibe su necesidad y sus limitaciones y las capacidades de los padres o hermanos mayores. Cuando se acerca a los tres años puede aparecer una crisis que tiene como objetivo probar su poder, su capacidad de manipular y se enfrenta a diferentes alternativas, por lo que suele ser «cabezota». A menudo sus elecciones le llevan a situaciones de conflicto con los adultos.

• **Límites a su independencia.** Es una de las raíces del conflicto. El niño debe ir aprendiendo que su capacidad de actuar es limitada por el adulto y debe aprender a sentirse cada vez más autónomo. Por eso es importante concederle un nivel de poder.

- Importancia de aprender a poner nombre a sus emociones.
- Aparece el juego simbólico y a través de él descarga parte de su agresividad o tensión y le ayuda a expresar la ansiedad ante diferentes acontecimientos.
- Las reglas son para él algo externo a su conciencia, no comprende su necesidad ni su sentido. Las respeta porque provienen de las personas a las que respeta.
- Sienten la necesidad de exhibirse delante de los adultos, se vuelven gritones, quieren ser el centro de atención con sus gracias y es importante que el adulto se dé cuenta de qué gracias se ríe y cuándo.
- Aumentan los miedos.
- Comienzan a aprender a ocultar un poco sus sentimientos según las circunstancias y quizá bajo presión de un adulto.

Algunos aspectos importantes

• El niño tiene, desde su nacimiento, la capacidad fundamental de relacionarse socialmente. Pero para el bebé no es posible desarrollarse en soledad.

• La necesidad de ser sostenido emocionalmente por otro y la búsqueda e interés en la relación humana son rasgos de salud mental que el niño manifiesta desde el comienzo de su vida.

• El sostén emocional se da en el marco de un vínculo estable, de apego, con los cuidadores primarios. La estabilidad y la previsibilidad en el vínculo con sus cuidadores le permiten al niño construir una relación de apego seguro.

• En la primera infancia, el niño carece de la capacidad de regular por sí mismo sus estados emocionales, y queda a merced de reacciones emocionales intensas. La regulación afectiva sólo puede tener lugar en el contexto de una relación con otro ser humano.

• El contacto físico y emocional –acunar, hablar, abrazar, tranquilizar– permite al niño establecer la calma en situaciones de necesidad e ir aprendiendo a regular por sí mismo sus emociones. Si un niño llora sin ser consolado, se encuentra solo en el aprendizaje del paso del malestar a la calma y al bienestar.

• A nivel emocional, la confianza básica es un logro que se da como resultado de numerosas interacciones satisfactorias entre el bebé y sus cuidadores primarios. El niño que ha construido su confianza básica puede luego explorar el mundo, crecer, separarse e individuarse. La confianza se relaciona con la seguridad que un niño tiene de saber que sus cuidadores son sensibles a sus necesidades físicas y emocionales, y que van a estar disponibles si los necesita.

• Los vínculos afectivos estables y contenedores reducen el malestar emocional y potencian los sentimientos positivos en el niño. Sus expectativas sobre lo que puede esperar de los demás se crea a partir de experiencias tempranas concretas de interacciones positivas y repetidas en el tiempo. Se construyen así esquemas mentales acerca de cómo es estar con el otro.

• El desarrollo del cerebro del niño depende en parte de las experiencias que vive. El vínculo temprano tiene un impacto directo en su organización cerebral.

Existen períodos específicos en los que se requieren determinados estímulos para el óptimo desarrollo de algunas áreas cerebrales. Esta estimulación adecuada depende del establecimiento de un vínculo temprano satisfactorio.

ALGUNAS PAUTAS QUE FAVORECEN EL DESARROLLO EMOCIONAL
- Empatía hacia el bebé.
- Clima de amor y respeto a su individualidad.
- Crear un vínculo afectivo suficientemente fuerte y seguro.
- Estimular la expresión de sus emociones.
- Poner nombre a lo que sienten cuando no son capaces de hacerlo.
- Atender sus necesidades emocionales.
- Animarle a explorar toda gama de sentimientos y emociones, sin reprimirle.
- Ponerle límites claros, coherentes y adecuados a su desarrollo.
- Favorecer su autonomía, ayudar sólo cuando sea necesario.
- Ayudarle a salir de las rabietas y a entrar en calma.
- Utilizar un tono de voz adecuado al dirigirnos a él.
- Calmar y enseñar a calmarse cuando está nervioso.
- No obligarle a compartir cuando no está preparado.
- No ridiculizar sus miedos.
- Animar la expresión de la compasión.
- Estimular y valorar la conducta de consuelo.
- Ofrecerle oportunidades para elegir y demostrar su «poder personal».
- Reconocer su identidad y animarle a que la reconozca.
- Ayudarle a crecer con ilusión y favorecer su optimismo.
- Elogiar su comportamiento positivo y la expresión adecuada de emociones.
- Enseñarle a expresar con claridad lo que le gusta y lo que le molesta.
- Permitirle probar dónde están los límites.

Dejar un lugar para la concentración, un espacio donde brote su atención, ayudará al desarrollo de sus capacidades.

En resumen

Casi siempre olvidamos que la educación, como las plantas, crece en dos direcciones: hacia afuera (arriba): hojas, flores (lo social, lo laboral... lo colectivo). Y hacia dentro (abajo): las raíces (lo personal, el yo... lo individual).

Sin embargo, la educación escolar tradicional se había preocupado casi exclusivamente de que la planta (el alumno) diera verdes hojas y hermosas flores, pero casi nunca de que sus raíces fueran grandes y profundas para permitirle asentarse bien y poder alimentarse de todo aquello que la tierra le ofrece. Afortunadamente esto ha ido cambiando.

Esas raíces grandes y fuertes sólo puede proporcionarlas una educación emocional sistemática y planificada en nuestras escuelas, comenzando lo antes posible, preferentemente desde el nacimiento, y continuando a lo largo de todas las etapas educativas.

Precisamente el niño crece como un todo orgánico. Su desarrollo emocional, físico y cognitivo son inseparables e interdependientes. Hoy se sabe que cualquier tipo de experiencia –emocional, social, sensorial, física, y cognoscitiva– y todas en conjunto conforman el cerebro, y que los vínculos afectivos influyen de forma poderosa en el desarrollo cerebral.

Un desarrollo integrado

En otros términos, el desarrollo saludable del ser humano es un proceso profundamente integrado. Hacerse adulto en nuestra cultura se corresponde con esta integración armónica y neural del pensar, el sentir y el actuar.

Las habilidades emocionales han sido desvalorizadas durante mucho tiempo, y educarlas ha quedado en un segundo plano, o incluso ni siquiera se ha tratado hasta ahora. Hoy sabemos la gran importancia de las emociones para el bienestar personal, convertidas en una de las claves de vida positiva y feliz.

Las habilidades emocionales, pues, se pueden y se deben enseñar. Nuestra labor ha de ser fomentar el aprendizaje de unas habilidades emocionales que garanticen el óptimo desarrollo de los niños y que en un futuro les permitan lograr el éxito en su día a día y les aporten claves importantes para su bienestar.

Quizá el papel más crítico de las emociones sea crear, organizar y orquestar muchas de las funciones más importantes de la mente. El intelecto, las habilidades académicas, el sentido de uno mismo, la conciencia y la moralidad, tienen orígenes comunes en nuestras primeras y sucesivas experiencias emocionales. Y aunque pueda no parecerlo, son de hecho las arquitectas de un vasto campo de operaciones cognoscitivas a lo largo del desarrollo de la vida.

3. El entorno. En casa

«Si el 'plan A' no funciona,
el abecedario
tiene 26 letras más»

ANÓNIMO

El entorno.
En casa

Vivir en familia: compartir y resolver problemas

En el entorno familiar se comparten experiencias y perspectivas, impresiones y sentimientos, y se suelen relacionar esos sentimientos con los acontecimientos del entorno familiar. Todo eso convierte a la familia en un entorno esencial de apoyo para el niño. Si los progenitores imprimen un tono positivo y ayudan a sus hijos a resolver problemas, ayudarán a que el niño desarrolle un sentido de la responsabilidad. Sin embargo, eso no significa que, con el paso del tiempo, no aparezcan dificultades, o complicaciones, o que determinados sentimientos familiares intensos sean malentendidos o incluso ignorados. Los mismos progenitores evitarán ser «emocionalmente secuestrados», es decir, verse tan abrumados por sentimientos intensos que puedan acabar actuando sin reflexionar antes.

Ningún juguete, ninguna pantalla, pueden sustituir eso.

Conviene tener claros los valores y reglas importantes para la familia. Como el ejercitar afecto por las obras, las experiencias y las ideas de los demás, y por los sentimientos que las acompañan. En estos momentos de sobrecarga de información, es fácil distraerse y prestar más atención a lo trivial.

Por eso es tan esencial la tarea de ayuda de los padres para que los niños crezcan socialmente aptos y emocionalmente saludables. Unas «normas» familiares, la búsqueda de momentos para la discusión y resolución de problemas y un espíritu general de buena voluntad y cooperación pondrán al niño en un camino positivo y constructivo. Las familias se enfrentan a infinidad de cosas y por eso es tan conveniente tomar medidas para evitar que los niños se sientan desorientados y confusos.

Algo más que rutinas

Es cierto que las costumbres rutinarias son convenientes, pero la familia ha de hacer algo más que facilitar un espacio para hacer los deberes, organizar el desplazamiento a la escuela o convertirse en un restaurante donde siempre hay algo para «picar». En EE.UU., los especialistas valoran como de gran ayuda animar a las familias a designar un lema familiar, una declaración de misiones familiares y una «constitución» familiar. Dicho de otro modo, unas normas.

Una familia afectuosa se afianza sobre relaciones positivas, y para ello es esencial una base con los valores y objetivos de los padres. Por ejemplo, ¿qué significa ser un miembro de esta familia?, o bien qué creencias o ideas tenemos en común. Es cierto que las ideas o modos de pensar pueden cambiar a medida que la familia madura, pero veamos por ejemplo un padre con cuatro hijos entre tres y doce años de edad, que puede dirigirse a cualquiera de ellos y preguntar: «¿qué clase de familia somos?». Y ellos bien pueden decir algo así como: «una familia que comparte». Esta breve frase a modo de un lema familiar, la entiende todo el mundo y puede utilizarse de guía para la conducta y las opciones cotidianas. Se pueden encontrar otros ejemplos, como: «no hacemos daño a los demás», o bien «nos preocupan los demás», «sabemos escuchar», o «respetamos a los demás y sus puntos de vista».

El tiempo compartido

¿Cómo disponer el escenario para que la familia participe? Una forma de empezar es estableciendo la idea del tiempo compartido. Es una idea bien sencilla: se trata de un tiempo para que los miembros de la familia se turnen en compartir con los demás cómo se sienten, y para hablar de sucesos importantes de la jornada o aún por venir (o pasados) que tengan en mente. Suele ser más fácil lograrlo sentados a la mesa, a la hora de la cena, o en el coche. Se empieza por crear ciertas reglas para escuchar a los demás y para hacer que todo el mundo exponga su punto de vista.

El tiempo compartido funciona cuando la gente siente que compartir es seguro. Nadie quiere que le insulten, o castiguen, o que se rían de sus ideas. Sin esa sensación de seguridad y sin un historial de compartir ideas y sentimientos, es difícil conseguir la participación necesaria para crear un genuino lema familiar o una declaración de objetivos.

Otra forma de compartir es a través de un diario familiar. Puede ser un simple bloc de anillas que se deja sobre la mesa para que la gente escriba sus pensamientos, experiencias, preguntas, preocupaciones; todo aquello que quiera compartir. Algunas familias utilizan para esto pizarras con rotuladores que se borran con la mano (y borran las entradas para empezar de nuevo cada día). Otros aprecian más la crónica escrita que permanece, y otras familias se centran en un calendario familiar, que además es una buena forma de no olvidar cumpleaños y otras fechas señaladas.

Luego, si se da una ojeada a los calendarios de años anteriores que se hayan conservado, podemos descubrir un pequeño tesoro de recuerdos e historia familiar.

Si mis hijos no se tragan todo esto

Por el motivo que sea, a veces los hijos no lo ponen tan fácil a la hora de poner en práctica esas propuestas por primera vez. Al introducir en la familia el tiempo compartido podemos encontrarnos con el silencio, o con una sensación de ridículo, de falta de cooperación, o con expresiones poco afortunadas. Incluso si persistimos puede que no resulte sencillo e incluso que tengamos que resistir la tentación de mostrarnos furiosos, o a la defensiva, o de olvidarnos del asunto. En este caso la

persistencia es vital; si de entrada no creemos en su valor, puede que a la larga la cosa no tenga éxito.

Existen varias maneras de lidiar con las burlas de los hijos. Ante todo, hay que elegir muy bien el momento idóneo. No interpelar al resto de la familia de forma repentina ni interferir en las salidas prometidas o cambiar acontecimientos ya previstos. Empezaremos en un momento en que toda la familia esté reunida, incluso aunque sea en un restaurante. Al ser un lugar público ayuda a mitigar la negatividad e impedir que alguien se escabulla hacia su habitación.

Adolescentes y comunicación electrónica

Otra forma distinta de enfocarlo es utilizar el correo electrónico o similares. Suele ir bien en el caso de los adolescentes; suelen darse conversaciones interesantes y racionales, a menudo mejores que las mantenidas cara a cara. Es algo que también depende del énfasis que pongamos al conversar… o del riesgo que suponen las frases escritas en un frío email. Pero en general es muy útil que nuestro hijo haga comentarios sobre la idea que se le plantea y trate gradualmente de ponerla en práctica.

Con los adolescentes y otros niños a los que es difícil acceder puede resultar efectivo hacer tratos. Es muy importante y necesario que adop-

Aprender a convivir con los niños la actual realidad social nos pide mucha paciencia y energía positiva.

temos el firme compromiso de no hacer alguna de esas cosas que más molestan a su hijo o hija si a cambio acceden a discutir sus propuestas y a concederles una oportunidad.

Los psicólogos han hecho un buen listado de las cosas que hacen los progenitores y que molestan –molestan bastante– a sus hijos. Hemos seleccionado unos cuantos de los que puede usted ofrecerse a dejar de hacer si sus hijos acceden a llevar a cabo intercambios, diarios, periódicos o calendarios familiares:

- Abrir el correo de sus hijos.
- Criticar a sus hijos delante de sus amigos.
- Revelar secretos personales de sus hijos a otros miembros de la familia.
- Pedir a sus hijos que hagan de acompañantes.
- Invadir la privacidad de sus hijos entrando sin llamar en sus habitaciones.
- Merodear cerca de sus hijos cuando sus amigos acuden a visitarles.
- Mostrarse demasiado «camarada».
- Olvidar los nombres de los amigos de sus hijos, o confundir a un amigo con otro.
- Hacerles a los amigos de sus hijos preguntas personales o sobre su familia.
- Ignorar a sus hijos cuando los amigos de usted acuden de visita.
- Preguntar las mismas cosas sobre la escuela más de una vez en una hora.
- Criticar lo que sus hijos escuchan por radio, o sus gustos y aficiones.
- Dar la lata a sus hijos con que deberían dormir más y exigirles a la vez que hagan más deberes.
- Quejarse de los hábitos alimenticios de sus hijos.

Una forma efectiva de hacer que los adolescentes se presten a llevar un diario familiar es sacando partido de su curiosidad. Hágales saber que pueden leer el diario, aunque no contribuyan a escribir en él. Utilice el diario como un sitio en que reflejar o alabar a su hijo. De forma gradual, introduzca alguna cuestión que desee plantearle a él o ella en concreto. A menudo la curiosidad es más poderosa que la resistencia. No se sorprenda si acaba por encontrar respuestas a sus preguntas en el diario, pero sobre todo no se le ocurra decir: «sabía que acabarías por escribir algo». En este caso, lo más probable es que deje de escribir.

Sea como sea que aborde el asunto, descubrirá que un poco de sentido del humor siempre ayuda. Existen pocas cosas más valiosas en la crianza emocionalmente inteligente que la capacidad de ver el lado alegre de la vida.

A mi hijo de trece años le da por contar chistes malos, malísimos. Hemos optado por bromear con él; la situación en sí es suficientemente hilarante como para que en este caso el chiste sea lo de menos. Y él ha terminado por introducir alguno de sus chistes malos como recurso para participar en todo tipo de encuentros.

Y desde luego, el caso de niños que estén muy alejados de las actividades familiares o que muestren actitudes en contra necesitará una atención un poco más especial, como veremos más adelante.

Si notamos, en fin, que nuestra familia es capaz de mostrar afecto, compartir cosas y resolver problemas, podremos atrevernos a utilizar el mapa de carreteras.

Familia capaz de compartir y de resolver problemas con cariño

Un mapa de carreteras

Esta idea del mapa de carreteras para el trayecto es cada vez más popular en América. Cuando los progenitores se mueven por la ruta de una educación emocionalmente inteligente, van a encontrarse con una serie de letreros a lo largo del viaje. Seguir las indicaciones de esos letreros es una de las mejores cosas que se pueden hacer para llegar al destino sin accidentes o con menos contratiempos. Por ejemplo:

Stop

¿Podemos mostrar a nuestros hijos que nos preocupamos por ellos? Aunque resulte paradójico, no lo hacemos dándoles todo lo que desean, o saliéndonos constantemente de nuestro camino para hacer cosas por ellos. En realidad, cuando los progenitores no les ponen límites, los hijos creerán que no nos preocupan. Nunca nos lo dirán, pero los niños necesitan que los adultos fijen una serie de líneas divisorias y pautas.

Necesitan que los adultos sean adultos, lo que significa que asumamos la responsabilidad del bienestar de nuestros hijos y que realicemos ciertas elecciones y tomemos ciertas decisiones basadas en nuestro conocimiento y nuestros valores y experiencias. Todo progenitor precisa contar con algunos puntos no negociables, en especial cuando los hijos atraviesan la adolescencia y se enfrentan a decisiones de serias consecuencias. Más sobre disciplina y estrategias de educación positiva en pág. 102.

Curvas: reducir la velocidad

En la escuela hay que hacer los deberes en tres asignaturas. Hay unas pruebas en las extraescolares. Y un examen de matemáticas. Es el cumpleaños del abuelo y en casa de su mejor amigo se celebra una fiesta

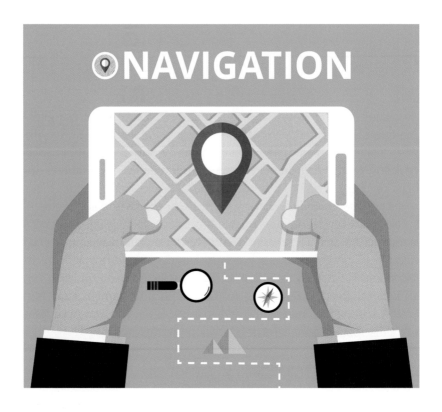

de aniversario. Y... vaya, el pequeño ha volcado el tazón de la papilla. Cuando las cosas nos desbordan, es necesario reducir la velocidad. Tratar de hacer de todo, y todo al mismo tiempo, es una receta perfecta para el estrés, la confusión y terminar superados.

Los padres emocionalmente inteligentes saben que cuando «se acercan curvas cerradas» conviene reducir la velocidad, conducir con cautela, con la mirada fija en la carretera y la manos en el volante. Y sobre todo, saben leer los indicadores de sus propios sentimientos y los de sus hijos.

Caja de herramientas

Hay algunas herramientas avanzadas para la puesta a punto. Piense en los puntos fuertes de sus hijos. Quizá algunos no sean los mejores conversadores, pero se expresan bien a través de la música, o del dibujo, o de la pintura, o mediante actuaciones en persona o a través de algún juguete u objeto, o mediante la construcción de algo.

Ahora ya hay escuelas en donde se empieza a poner en marcha algún programa sobre «inteligencias múltiples», basado en la obra de Howard Gardner.

Hacer una revisión de puesta a punto da la oportunidad a los padres de ponerse más al día al comprobar cómo son realmente sus hijos, no de cómo quieren que sean o de cómo les gustaría que fueran. Así los progenitores estarán mejor preparados para conducir en las curvas cerradas. Además, los niños han de disponer de tiempo para dedicarse a aquellas cosas que les levanten el ánimo.

Hemos de asegurarnos de que no se pasarán por alto los puntos fuertes que todos tienen. Por ejemplo, en casa la familia decidió que la madre llevara una insignia que dijera «¡Cuidado, que viene mamá!» al entrar por la puerta, a modo de advertencia para sus hijos, para que no la bombardearan con preguntas y peticiones hasta por lo menos diez minutos después de quitarse los zapatos y echar una ojeada al correo. En otra casa, hacen algo parecido con un semáforo de cartulina en la puerta de entrada.

Puntos fuertes

¿Podemos realizar los puntos fuertes de nuestros hijos? Claro que sí, para ello suele citarse el caso de un niño que nunca ha sido buen estudiante de matemáticas, pero le encanta dibujar. La estrategia de los padres seguramente sería la de asegurarse de que se ponga a hacer los deberes de matemáticas antes de hacer cualquier otra cosa, en especial antes de que se «olvide» de las matemáticas o trate de evitarlas. Bueno, pues hoy se sabe que es mucho más efectivo llegar a un acuerdo en el que a diez o quince minutos de dedicación exclusiva a las matemáticas les siguen, si el niño así lo quiere, diez minutos de dibujo o escuchar música.

Alternar áreas que suponen puntos débiles y frustración para el niño con otras relacionadas con sus puntos fuertes suele producir un remanente positivo a la hora de enfrentarse a un problema: el desánimo es menos intenso, la frustración menos severa, las peleas sobre los deberes y los intentos de eludirlos se reducen y la confianza crece. Algunos niños necesitan un descanso en los ejercicios de escritura para resolver problemas de matemáticas, mientras que para otros, un rompecabezas de palabras después de unas largas operaciones matemáticas es casi como un trozo de su chocolate o postre preferido.

Son estrategias especialmente importantes en caso de niños con problemas de aprendizaje, dificultades emocionales o de conducta, incapacidad física, déficit de atención o cualquier otra dificultad o carencia, si se da con frecuencia.

Y nos aseguraremos además de que tengan la oportunidad de mostrar con regularidad sus puntos fuertes.

Peaje en la autopista

¡Siempre hay tareas que hacer para que en casa las cosas funcionen! Por ejemplo ganar dinero, limpiar, recoger las cosas, lavar la ropa, comprar, cocinar, lavar los platos, hacer algunas reparaciones, llevar a cabo chequeos médicos y dentales, reciclar y tirar la basura, plantar, regar, cuidar de los animales de compañía y gestiones de mensajería. Es el «precio» de la vida en familia, es como un peaje que pagamos en la autopista. Es el precio a pagar para ir desde donde estamos ahora hasta donde queremos estar.

Los peajes –las tareas domésticas– ayudan a los miembros de la familia a compartir el trabajo sin considerarlo una obligación. Es un peaje a modo de contribución (¡no es un castigo!) y hay tareas de todo tipo, adaptables y necesarias para la familia. Y si se tuviera que hacer las tareas de otro, eso nos deja menos tiempo para nosotros mismos, y hace que a la familia le resulte más difícil llegar a donde quiera llegar.

Ceda el paso

Cada vez resulta más difícil seguir la pista de todo lo que hacen nuestros hijos. Incluso en el caso de que las escuelas cuenten con buenos sistemas de comunicación para que los profesores puedan dejar mensajes a los padres sobre cómo va todo, o de las obligaciones y el calendario escolar de sus hijos, nunca se está seguro del todo sobre lo que pueden, deben, o es más conveniente que hagan. ¿Es mejor un trabajo de cinco folios en vez de uno de cuatro? ¿Es preciso que los padres corrijan todos los problemas de matemáticas? ¿Es aceptable que el niño haya redactado un informe de laboratorio de una forma mucho menos limpia de como les habría gustado a sus padres? ¿Por qué en el examen no han incluido la segunda parte del capítulo seis? ¿Cómo es posible que haya un profesor a quien no le importa reunir los ejercicios de sus alumnos arrancándolos de una libreta de espiral?

Los cambios en el modelo educativo son tan grandes que podemos correr el riesgo de dar por bueno el actual nivel de aprendizaje real en la enseñanza (que es realmente muy bajo: vivimos una larga transición).

En cambio, visto desde el punto de vista de la salud emocional, esta actitud consigue forjar un sentimiento de confianza. Y para usted supone también una cosa menos de que ocuparse. En la escuela, con el tiempo y a través de las conversaciones con el personal docente, podremos determinar el tipo de atención que conviene prestar a todo lo que nos llega sobre lo que sucede en el colegio.

Los padres podemos «ceder el paso» más a menudo, pero sin quitar las manos del volante, los pies de los pedales y la vista en la carretera.

Stop en un cruce

Conviene respetar también numerosas tradiciones religiosas y espirituales. A lo largo del año existen abundantes ocasiones para abandonar la rutina y pasar el tiempo en familia en prácticas habituales relacionadas con las creencias y aficiones compartidas. Es algo que también expresa inteligencia emocional. Los miembros de la familia precisan mantener un sentido de la empatía y la perspectiva respecto a los demás. No queremos pasar demasiado tiempo sin saber qué están haciendo

los demás, qué sentimientos abrigan acerca de lo que está sucediendo en sus vidas, o qué tensiones, plazos, proyectos y objetivos positivos se ciernen sobre ellos. Así que los padres pueden recurrir a la señal de stop en un cruce cuando tengan la sensación de que la familia se está moviendo en demasiadas direcciones a la vez, ya sea alejándose unos de otros o incluso acercándose unos a otros.

Vista panorámica

Una parte de la educación emocionalmente inteligente la constituye el comprender que los miembros de la familia necesitan tomarse de vez en cuando un descanso de la rutina y saborear la belleza del mundo que les rodea. Dicho de otro modo, una vista panorámica, ese punto en la carretera creado para detenerse brevemente a apreciar un panorama natural. Para los ajetreados viajeros en la autopista de la crianza y educación de los hijos es bueno tomarse unos instantes para apreciar ciertas cosas que a menudo nos pasan desapercibidas a causa del precipitado ritmo actual. Hay que darnos tiempo para contemplar el cielo por las noches...

O bien apreciar los viejos vídeos o las fotos de los álbumes familiares, pasear por casa o por la ciudad; no hay que ir muy lejos para descubrir cosas en las que antes no nos habíamos fijado o no habíamos «visto» (árboles y plantas, pájaros, aire, luces del sol, nieblas, lluvia, rincones en los parques). Y eso por no hablar de las zonas rurales; compartir el encanto de esos descubrimientos es una experiencia realmente positiva para todos. La naturaleza nos regala auténticos tesoros que pueden ayudar a toda la familia a vivir en armonía y a comprender que existen maravillas muy cercanas a nosotros si decidimos prestarles atención, y que nos perdemos muchas cosas por no hacer una pausa que ayude a obtener mayor perspectiva sobre lo que hacemos y de dónde estamos.

Mantenimiento

El mantenimiento preventivo es una buena idea en el caso de las familias, como lo es en el de los coches. Ya se trate de que los indicadores del salpicadero le insten a detenerse, o de que usted intuye que algo anda mal, o de que sabe que ha llegado el momento de una comprobación de rutina, tómese ese tiempo, examine bien las cosas y haga los cambios que precise necesarios. Luego todos podrán volver a la carretera y moverse con mayor suavidad.

EL SEMÁFORO DE LAS EMOCIONES

ROJO: PARAR. Cuando sentimos mucha rabia, o nos ponemos muy nerviosos, queremos gritar y patalear... ¡alto! Conviene pararnos. Es como si fuera el conductor de un coche que se encuentra con el semáforo con luz roja.

ÁMBAR: PENSAR. Ahora es el momento de pararse a pensar. Tenemos que averiguar cuál es el problema y lo que estamos sintiendo. Cuando el semáforo está en ámbar los conductores piensan, buscan soluciones y se preparan para salir.

VERDE: SOLUCIONAR. Vía libre para los vehículos. Ahora, es el momento de circular de nuevo. Es la hora de elegir la mejor solución y ponerla en marcha. Para asociar las luces del semáforo con las emociones y la conducta se puede realizar un dibujo o probar con un semáforo.

El humor familiar, vitaminas para la acción

¿Cómo ve usted la risa? ¿Cree que se trata de un signo de frivolidad, de irreverencia o falta de respeto? A veces puede serlo, pero en realidad la risa se echa en falta en las vidas de demasiadas familias, y es precisamente lo que puede suponer una diferencia a la hora de crear un entorno afectuoso para resolver problemas.

Según Edward Dunkelblau, presidente de la Asociación Americana de Humor Terapéutico, las investigaciones muestran que los niños ríen más de 200 veces al día. En cambio, los adultos ríen una media de 15 veces diarias. ¿Qué ha pasado con las 185 risas restantes? Reír con los demás es señal de inteligencia, creatividad y confianza (poder cometer errores sin temor a quedar en ridículo) y alegría revitalizante. ¡Pruebe a reír un rato, con todas las vocales!

¿Por qué vale la pena intentarlo? Porque en nuestro cuerpo suceden cosas muy saludables cuando reímos. Nuestro ritmo cardiaco se acelera, nuestro sistema inmunológico se activa, se bombean hormonas que nos hacen estar más alerta y el oxígeno asciende al cerebro, lo que al parecer nos ayuda a pensar con un poco más de agudeza y a ver las cosas con mayor claridad. Nuestros músculos se relajan y nuestro sistema digestivo funciona mejor (¡ja ja ja / je je je / ji ji ji / jo jo jo / ju ju ju! –¡ría!). Un grupo de psicólogos se ha atrevido a asegurar que las carcajadas evocan ciertos reflejos espasmódicos de un orgasmo... En todo caso, con la risa hay también presencia de endorfinas, dopamina, serotonina y adrenalina. Y lo cierto es que los niveles de estrés descienden, y el ambiente se vuelve menos tenso, más tranquilo y relajado.

Además, nos sentimos libres de mostrarnos más creativos y de ampliar nuestros puntos de vista; nos volvemos más capaces de abrigar sentimientos de empatía; nos volvemos menos hostiles y nuestra capacidad de tomar decisiones sensatas y resolver conflictos mejora. No se trata en realidad de un milagro; en esto radica precisamente la crianza emocionalmente inteligente: en comprender cómo funcionan biológica, emocional e intelectualmente nuestros hijos –y nosotros– y trabajar con ese conocimiento, no en contra de él o ignorándolo.

Así que vale la pena añadir un CH –coeficiente de humor– al CE de su familia. Tanto si es a base de chistes buenos, malos, malísimos, blancos, negros, verdes, con o sin sentido. No importa si se trata de un humor tipo Woody Allen o de un humor tipo caca-culo-pedo-pis: lo importante es que sonrían. No, corregimos: lo importante de verdad es que... ¡rían todo lo que puedan!

Un tablón

Los chistes y el humor en general ayudan a alegrar la atmósfera familiar. El humor –incluso las tentativas de provocarlo– constituye algo valioso en un hogar y contribuye a la salud familiar. Se puede introducir el humor tanto en el trabajo de la escuela como en el de casa de varias maneras, por ejemplo, con el clásico tablón de corcho o similar.

• Colgar un tablón de anuncios para caricaturas y viñetas relacionadas con la escuela. Recorte los pies y leyendas de las caricaturas y sustitúyalos por otros escritos por usted. Puede convertirse en una actividad para realizar en familia o en clase.
• Para las noticias o sucesos de actualidad, recorte las fotos y aporte sus propias citas de pie de foto.
• Designe una esquina destinada al humor en su casa o clase. Fotos, libros o cualquier otra cosa que la gente encuentre divertido irá a parar ahí.

• Dé un descanso para la risa. Eso puede ayudar con los deberes, en especial cuando el niño está atascado.
• Las grabaciones que hoy nos facilitan los teléfonos móviles también se pueden emplear con fines humorísticos.
• Un poco de tiempo para leer libros o las viñetas de humor en la red pueden suponer una gran diferencia en el estado de ánimo.

Puede resultar duro, frustrante e inefectivo quedarse simplemente sentado y «seguir intentándolo» cuando uno está realmente atascado. Por eso el humor nos abre nuevas perspectivas.

Humor por edades

Las percepciones del humor cambian a lo largo de los años. Durante la época preescolar, el humor está en conexión con los juegos y la actividad física. «Hacer tonterías» a menudo da como resultado grandes risotadas, tanto de los niños como de los adultos que les observan.

A los niños también les encanta ver a los adultos hacer tonterías o actuar de forma inesperada o exagerada. Nos pondremos unos sombreros divertidos, prendas del revés, corbatas sin camisa, gafas sobre máscaras o gorros, para oír las carcajadas de nuestros hijos. Y dispóngase a repetir lo que haga. Es posible que sus hijos pequeños hagan que usted deje caer un tenedor de la mesa una buena docena de veces antes de que terminen sus risas.

Durante los años de parvulario, a los niños empieza a gustarles utilizar nombres divertidos para designar las cosas y palabras tabú e inventar términos absurdos o rimas graciosas.

Aproximadamente a medio camino de la escuela primaria se vuelven populares los acertijos, así como los chistes, normalmente muy blancos o del género de «chistes malos». La primera mitad de la escuela secundaria a menudo es testigo del fin del humor infantil. A los niños todavía les gusta hacer tonterías, pero les preocupa no estar «en la onda» si las hacen.

El humor procede más bien de historias, o de comentarios despreciativos que los niños utilizan para ayudarse a entender quiénes son, quiénes no son, y quiénes son como ellos y quiénes no. Pero pronto pueden descubrir el humor de Groucho y el resto de hermanos Marx y otros grandes clásicos. Incluso no deja de sorprender que a muchos adolescentes aún echan un vistazo a hurtadillas a las reposiciones de Los teleñecos. Y lo más curioso: a medida que los niños se sienten mejor consigo mismos y más aceptados, el humor basado en comentarios despreciativos se va reduciendo. De todas formas, teniendo en cuenta la situación actual de los medios de comunicación, es más realista pensar que no van a desaparecer del todo.

Telefonía y pantallas. Plataformas de cine

En cambio, la aparición de las grandes plataformas de *streaming* con música, películas y series televisivas de gran presupuesto está propiciando un cambio de costumbres en casa, dando forma a una «comunicación distribuida» con demasiadas personas encerradas en su habitación, a menudo con contenidos poco aconsejables. La televisión ha dejado de ser la sustituta del calor del fuego y la chimenea y se hacen bromas sobre el tiempo invertido en buscar series o films que puedan

gustar a todos. Disponer de la historia del cine al alcance de la mano no deja de ser un privilegio, pero sea como sea, a veces daríamos lo que fuera por encontrar una comedia amable –incluso cualquier película– para toda la familia (o que pueda gustar a todos).

Con la fragmentación que estamos viviendo se refuerza más una producción adaptada a la manera de ser de cada persona. Y curiosamente, este refuerzo de las propias creencias tiende a encaminarnos hacia un refuerzo del ego, en el que el enriquecimiento personal derivado de una sana relación con los demás se diluye. Pensando en los niños y adolescentes, tendremos que afinar más en nuestras elecciones a la hora de elegir estos grandes recursos familiares.

El control parental que se ofrece en Internet puede ser una ayuda, pero lo es más el que nuestros hijos puedan ver y comparar los «alimentos» intelectuales que elegimos para nosotros mismos, y el modo en que podemos lograr que interactúen con ellos, bien sea con nuestros comentarios y opiniones, o bien con lo que compartimos, según las edades. ¿Es difícil que un niño abandone la avalancha de bromitas y vacuidades de influencers ignorantes? La respuesta es un rotundo sí, siempre que le ofrezcamos otros contenidos de calidad más divertidos e interesantes para él. Ahora mismo mi hijo preadolescente me muestra un canal de YouTube llamado «En Pocas Palabras – Kurzgesagt», que puede ser un buen ejemplo de lo que decimos. Por supuesto que él ha visto antes muchos contenidos vacíos y hasta inapropiados. Pero si en casa logramos crear un ambiente de respeto compartido e inteligencia emocional, los resultados llegan.

¿Y los más pequeños? Una amiga dejó a su hija de tres años ante unos amables dibujos tipo Disney mientras preparaba la cena. Al cabo de un momento va la niña a la cocina, la coge de la mano, la lleva ante el televisor y le indica, sonriente pero imperativa, que se siente allí, al lado de ella. Quería que la peli la vieran las dos juntas (porque si no, ¡no tiene gracia!).

La mamá explicaba su estupefacción, admirada ante la lección ejemplar de su hija. Es el mejor resumen de lo que esperan nuestros hijos de nosotros.

El humor en el hogar, vitaminas para la acción positiva

Piense en qué cosas hace usted que hacen aflorar una sonrisa en su rostro o le proporcionan una sensación de cálida felicidad. Algunos ejemplos podrían incluir escuchar música, leer, ver una vieja película, escuchar su programa de radio favorito, ver antiguas fotografías familiares, sentarse en su sillón predilecto, tornarse unos instantes para reflexionar, o para prácticas de tipo inspiracional, conversar con personas simpáticas o positivas, dar un paseo o contemplar el cielo por la noche. Si se fija en el tiempo real que dedica a todo eso al cabo del día o de la semana, lo más probable es que descubra que es mucho menos tiempo del que habría querido.

Para mantener un estado mental positivo, trate de hacer cada día algunas cosas que le pongan de buen humor, aunque solo sea durante un rato: si no puede todos los días, hágalo tan a menudo como le sea posible. Esas pequeñas y diarias «oportunidades para el humor» son como vitaminas que ayudan a sostener su capacidad de responder de forma positiva a la educación de los hijos y otros asuntos vitales. A medida que sus hijos experimenten tales momentos, y a medida que usted los comparta con ellos como familia, es posible que vaya descubriendo mejoras en la disposición de los miembros a tolerarse unos a otros, en su

forma de enfrentarse a las decepciones y en lograr un gran estado de comprensión generalizado.

Cada vez son más los investigadores que estudian los beneficios de una actitud optimista y de una vida con dosis regulares de risas y alegría. También ahí hemos añadido algún ejemplo de películas, series o recursos en general.

Amigos de pantalla

Las redes sociales (Facebook, Tiktok, Instagram, Tweeter, WhatsApp) permiten una inmediatez en la comunicación que apenas deja espacio para nada más. Aunque los expertos sitúan en 14-15 años la edad para los teléfonos móviles, lo cierto es que no existe una edad mínima establecida, y a los 12 años entienden ya perfectamente la responsabilidad que conlleva disponer de una herramienta así.

Más allá de cuestiones formales o legales, lo que nos interesa aquí es el papel de estos dispositivos en el lenguaje emocional de hoy. Hay que recordar que el uso excesivo del móvil por parte de los adultos les afecta, pero es mucho más complicada la insatisfacción y problemas emocionales que pueden producirles.

ANESTESIA EMOCIONAL

Como explica el psicólogo Rafa Guerrero, «creemos, de manera bien intencionada e inconscientemente, que dándole a nuestro hijo el móvil para no prolongar más su rabieta o su tristeza, le estamos haciendo un gran favor. Y desde luego que no es así». Si cada vez que tiene un mal día, o siente una emoción desagradable, le doy el móvil o la tableta, le estoy anestesiando emocionalmente.

Estamos perdiendo una gran oportunidad para que conecte con lo desagradable que es sentir miedo o tristeza, o incluso aburrirse y desarrolle elementos internos para calmarse. No se trata solo de ver qué hace nuestro hijo con las pantallas, sino también de pensar lo que les hacen las pantallas a nuestros hijos. Para esto debemos vigilar y aprender de nuestra experiencia con el móvil y las pantallas en general.

¿Qué sabe el móvil de tu tristeza? La computación afectiva quiere dotar de inteligencia emocional a los dispositivos para lograr una comunicación más íntima y personalizada con el usuario. «Estás viendo la televisión. De repente, te das cuenta de que una avispa sube por tu brazo. ¿Cómo reaccionas?». Esta es una de las preguntas del ficticio test Voight-Kampff, utilizado en la película *Blade Runner* para detectar la falta de empatía en un sujeto. Si las respuestas del interrogado desvelan esa incapacidad para identificarse emocionalmente con otros seres, el diagnóstico queda claro: estamos delante de un androide.

Dejando a un lado la ciencia ficción, lo cierto es que en el mundo real esa capa emocional vendrá a ser la guinda del pastel de la robótica, ahora que la inteligencia artificial es cada vez más sofisticada, incluso aquella que habita en nuestros dispositivos móviles.

La cosa no ha hecho más que empezar, teniendo en cuenta la ola transhumanista que se prevé, pero esa ya es otra cuestión. Lo que nos interesa aquí es el efecto que producen a diario los chats que mantienen nuestros hijos sin ningún tipo de control. Y es en casa donde hemos de tomar decisiones sobre el tiempo –y los contenidos– que nuestros hijos pueden dedicar al ocio de pantalla. Junto a un mínimo básico a partir de cierta edad, pueden establecerse recompensas por tareas –escolares o domésticas–, mientras consideremos que existe equilibrio inteligente en sus emociones.

En el libro abordamos las emociones más habituales, pero reservamos para otro trabajo la cuestión del enamoramiento y su secuela. En general, las referencias relacionales más cercanas se refieren a la amistad y el aprendizaje en la etapa adolescente y en un sentido amplio.

¿Nuestros hijos pueden aprender a relacionarse en redes sociales?

Enseñar a nuestros hijos a comportarse en redes sociales es igual de importante que enseñarles a comportarse en la vida «real».

Las redes sociales se han convertido en el nuevo lugar favorito de nuestros hijos. En ellas pasan muchísimo tiempo, y en ellas se relacionan con muchísima gente. A veces, el anonimato y la lejanía que produce estar detrás de la pantalla hace que en el entorno digital nuestros hijos se comporten de una forma diferente a cómo se comportarían en un entorno «real».

¿Podemos enseñar a nuestros hijos e hijas a comportarse con respeto en el entorno digital y en redes sociales?

La respuesta es sencilla, como dice María Lázaro en *Redes sociales y menores*, el comportamiento en el entorno online no debería ser distinto al del entorno *offline*, porque lo importante son los valores que inculcamos. Todo se resume en dos ideas principales: «Compórtate *online* como lo harías de manera presencial» y «respeta a los demás y trátales cómo te gustaría que te trataran a ti».

Veamos diez claves en las que educar a los más jóvenes (y también a los adultos) cuando se relacionan a través de chats, redes sociales o similares:

1 Explíquele que no debe publicar fotos o vídeos en las que salgan otras personas sin pedirles antes permiso. Incluso si están en segundo plano, si no son las protagonistas de la fotografía o si también son amigos suyos. Si va a compartir la imagen, debe avisarles.

2 Pídale que no etiquete a nadie en una fotografía o vídeo sin su autorización. Aunque todas las redes sociales proporcionan herramientas para que los usuarios controlen y limiten en qué publicaciones se les puede etiquetar, estas restricciones no suelen estar activadas por defecto y la mayoría de las veces no se revisan.

3 Debe tener bien claro que no puede insultar, ni humillar, ni burlarse de los demás. Un insulto *online* duele igual o más que el que se grita a viva voz, aunque el silencio parezca ocultarlo. La tecnología no avala la impunidad, ni da ningún derecho extra.

4 Recuérdele que no debe decir ni hacer algo que no se atrevería a decir o ejecutar en persona o cara a cara.

5 No debe mentir, tampoco *online*. Pero ha de tener en cuenta que en el mundo digital le pueden mentir, y que cualquiera puede fingir ser quien no es.

6 No debe aceptar en su círculo de amistad a usuarios cuya identidad real no tenga clara: es el mismo mensaje que cuando de pequeños les decimos «no te vayas con extraños».

7 No ha de permitir que le amenacen, atemoricen, desprecien o avasallen a través de redes sociales y chats. La mejor defensa es avisar cuanto antes. Que no se calle.

8 Conviene enseñarle que no debe reaccionar de manera violenta cuando algo le moleste. Las redes sociales permiten denunciar a otro usuario, bloquearlo o silenciarlo.

9 Antes de publicar una información o un contenido que le han enviado por mensaje privado, debe preguntar si lo puede hacer.

10 Recuérdele que no debe publicar ni compartir contenidos que puedan dañar a otras personas, incluso aunque no las conozca.

Buen humor y buenos aprendizajes

Hoy todos sabemos que las redes sociales pueden ocasionar complicaciones emocionales… pero son también una gran herramienta de información y comunicación. El ejemplo de los padres que comparten imágenes o curiosidades en alguna cuenta con sus hijos es entrañable y un ejemplo (si estamos dispuestos a reírnos de nosotros mismos) de convertir en positiva esta gran herramienta. Con buen humor, buenas bromas y buenos aprendizajes.

UNA CAJA LLENA DE ABRAZOS

La educación emocionalmente inteligente asume multitud de formas. Podemos introducir algo parecido a ésta en alguna celebración o efemérides. Consiga una caja pequeña, por ejemplo una de «toallitas» o algo parecido. Ponga en su interior fichas con instrucciones que, a modo de juego, dan derecho a la persona que extraiga una ficha a recibir una clase o número determinados de abrazos. ¿Por qué abrazos? Porque los abrazos curan. Los abrazos ayudan a mantener unida una familia. Un abrazo constituye un modo seguro de compartir sentimientos de afecto y supone una expresión de inteligencia emocional sin palabras. He aquí algunos ejemplos de «fichas de abrazo»:

• Un abrazo y una galleta (primero el abrazo; luego comparte con la otra persona su galleta favorita) • Un abrazo de mamá • Un abrazo de papá • Un abrazo bocadillo (dos personas dan el abrazo) • Un abrazo bocadillo especial (en el que la persona que extrae la ficha permanece en el medio y todos los demás se reúnen en torno a ella para abrazarla) • Un abrazo y un golpe de cadera (después de dar el abrazo daremos un golpe de cadera a cada lado) • Un abrazo y una canción (mientras da el abrazo, la persona tararea una canción) • Un abrazo doble • Un abrazo triple • Un abrazo y un salto (saltar juntos mientras se abrazan) • Un abrazo y chocar los cinco con las manos alzadas • Un abrazo y chocar los cinco con las manos bajas • Un abrazo sentados • Un abrazo sin utilizar las manos • Un abrazo sin llegar a tocarse pero acercándose al máximo • Un gran abrazo • Un abrazo pequeño • Un abrazo sonoro • Un abrazo y una taza (después del abrazo, compartan unas tazas de café, té, chocolate caliente, o un buen zumo de frutas).

Es una idea. Pueden adaptarse todas estas propuestas o añadir otras. Si se ofrece a modo de regalo, la caja de abrazos puede decorarse con rotuladores, pinturas, adhesivos; cualquier cosa que no vaya a emborronarse.

Música y tareas domésticas

Se pueden poner en marcha acompañamientos musicales especiales a la hora de hacer ciertas tareas. Deje que los elijan los niños, o háganlo juntos. Hay música para pasar el aspirador, lavar los platos, recoger las bandejas, doblar la ropa limpia, quitar la mesa, y así sucesivamente.

En esta, y en muchas otras actividades, hay que olvidarse del sentido del ridículo y de lo que haríamos idealmente en otras situaciones. Así que cuando usted pone la música en cuestión, será señal de que ha llegado el momento de hacer la tarea que toque. Es una forma mucho más agradable y efectiva que los habituales sistemas de acoso y recordatorio de los padres. Si los adultos de la casa lo hacen por primera vez cuando estén llevando a cabo alguna tarea, todo será más fácil… ¡y hasta divertido!

¿Qué diría o haría..?

Cuando su hijo se queda atascado y no parece saber cómo solucionar un dilema, tanto si es personal, académico o relacional, usted puede mostrar su preocupación preguntándole cómo abordaría la cuestión algún personaje popular de un libro, de la tele o de alguna película. Puede hacer una lista con personajes conocidos —o alguno para que descubran— según sus aficiones y las de sus hijos.

Y puede también compartir preguntas con referencia a libros que estén leyendo en la escuela o a personajes que estén estudiando en alguna asignatura.

Corazón y cabeza en acción: la paz en el hogar es uno de los valores más importantes a preservar.

En resumen

Ser una familia –en el mejor sentido de lo que signifique para usted–
no es tan sencillo. ¿Vale la pena el esfuerzo? Claro que sí: se sorprenderá de cuánto más significativa, plena y divertida le parecerá la vida cotidiana. Lo más probable es que sus hijos no se lo agradezcan, al menos hasta que sean mayores. Pero tenga la seguridad de que, en lo más hondo, al nivel de la inteligencia emocional, se sentirán mejor, más organizados y experimentarán mayor armonía, porque habrán recuperado el adecuado equilibrio en sus vidas y su hogar será como un lugar seguro, una fuente de afecto, apoyo, asistencia en la resolución de problemas, y risas.

Los psicólogos han comprobado lo que sucede cuando falta todo eso y ven cosas que

los padres a menudo no son capaces de ver con claridad o a las que no tienen acceso. Por eso algunos sabios de la antigüedad afirmaron que la paz en el hogar era uno de los valores más importantes que uno podía preservar. Ese valor justifica que los progenitores sean indirectos, que no siempre aludan de forma directa a los defectos de sus hijos y que no siempre digan lo que sienten respecto a lo que hacen sus hijos.

Es cierto que hay hogares más fáciles de llevar que otros, pero siempre, en la educación emocionalmente inteligente hay que utilizar tanto la cabeza como el corazón.

Si hay dificultades, o si los niños necesitan un poco de ayuda extra a la hora de desenvolverse en su rutina, el resultado quizá dependa de sus propias aptitudes. Vamos a ver emociones y estrategias; veremos si se puede ayudar a los niños, de forma firme pero efectiva, a mejorar su autocontrol y a expresar sus sentimientos.

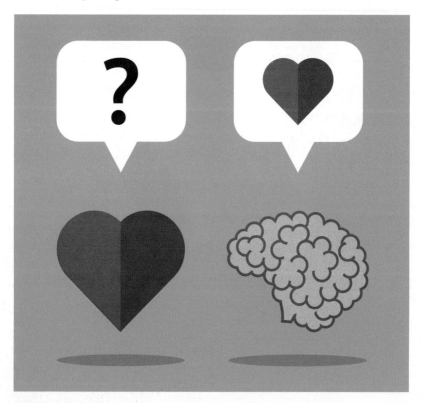

4. Aprender con las emociones

«La felicidad
es la finalidad última
de la existencia»

ARISTÓTELES

Aprender con las emociones

Los colores de las emociones

En la película *Del Revés* (*Inside Out*, Pixar, 2015) se dibujan las emociones y es un excelente recurso, tanto en casa como en la escuela, para que niños y mayores comprendamos la actividad emocional, su significado y los procesos que comporta. Cada recuerdo representa la memoria de un suceso en particular, y cada recuerdo es de un color de acuerdo a la emoción predominante en el momento en que se formó:

- **amarillo** para Alegría
- **azul** para Tristeza
- **rojo** para Ira
- **verde** para Asco (Rechazo)
- **violeta** para Miedo

Cuanto más fuerte es la emoción, más brillante es el color y más fuerte es el recuerdo.

En el film, Riley es una chica que disfruta o padece toda clase de sentimientos. Aunque su vida ha estado marcada por la Alegría, también se ve afectada por otro tipo de emociones. Lo que Riley no entiende muy bien es por qué motivo tiene que existir la Tristeza en su vida.

Una serie de acontecimientos hacen que Alegría y Tristeza se mezclen en una peligrosa aventura que dará un vuelco al mundo de Riley.

Los Recuerdos de núcleo, conocidos como pensamientos, aparecen entre los principales objetos del film, que es muy rico en detalles para explicar el papel de las emociones en la vida humana; por eso recomendamos tanto que lo vean, a cualquier edad.

Usar los colores

Veamos un poco el uso de los colores para enriquecer el significado de los personajes. Aquí los colores son percepciones visuales que desde hace miles de años nos ayudan a contar historias, provocar sensaciones, emociones e interpretaciones de lo más variadas. Por ejemplo, según la cultura que los utilice, su significado puede variar, como es el caso del rojo, que en India se asocia a la pureza y la sensualidad, mientras que en algunos países africanos se asocia a la muerte.

Comprender y dominar el uso de los colores es fundamental para crear obras de arte e ilustraciones, y también para diseñar personajes que transmitan sentimientos, rasgos de personalidad o, comportamientos. En el libro *La psicología de los colores*, la especialista y soció-

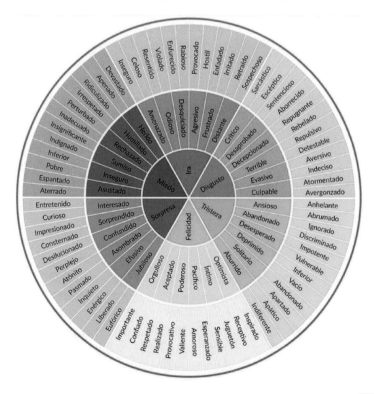

loga alemana Eva Heller sostiene que la percepción que tenemos de los colores cambia según el contexto, pero también se puede asociar a experiencias universales intrínsecas en nuestro lenguaje y en nuestro pensamiento.

• **Azul: Tristeza.** La tristeza está representada por el color azul, considerado la opción más segura para cualquier cultura, ya que suele asociarse con cosas positivas. A pesar de esto, en el contexto de *Inside Out*, el azul representa tristeza, desánimo, pesimismo. El azul también puede transmitir valores como: confianza, verdad, serenidad, intelectualidad, tecnología, soledad, pasividad, sueño, tranquilidad, introspección y maternidad.

• **Rojo: Ira.** La ira o furia está representada por uno de los colores más intensos del espectro, que se asocia con sentimientos de enfado, nerviosismo, intensidad, agonía, fuerza y agresión. Sin embargo, también se asocia al amor, la pasión, la calidez, la emoción, el peligro, la elegancia, el erotismo, la seducción, el poder, la justicia, el dinamismo, el liderazgo, la energía, la ansiedad y la proactividad.

• **Verde: Asco** (o Rechazo). En el film que comentábamos, el personaje y la emoción asociada al verde es asco, pero también crítica y sinceri-

dad. Este es un color que vemos en la naturaleza y en los elementos vegetales, por lo que está muy relacionado con la vida. Es muy común encontrar verde en ambientes hospitalarios y consultas médicas. Otros valores del verde son: calma, esperanza, terror, aprensión, sumisión, confianza, admiración, aceptación, sorpresa, distracción, riqueza, inexperiencia y celos.

• **Violeta: Miedo.** El miedo, representado por el morado, es una mezcla de rojo y azul, por lo que lleva valores de los dos colores y nociones de valores opuestos como el poder y la apatía, la valentía y el miedo. También es un símbolo de piedad y fe, honor y nobleza. Otras asociaciones comunes son: realeza, riqueza, espiritualidad, penitencia y duelo.

• **Amarillo: Alegría.** Uno de los colores más vibrantes en el espectro de colores, el amarillo se usa generalmente en las señales de tráfico por su apariencia llamativa. También se utiliza mucho para expresar felicidad, jovialidad, optimismo, comodidad, calidez (ya que representa el color de la luz del sol) y esperanza, así como cuidado y cobardía.

Emociones frecuentes. Miedo

Todos tenemos miedo en algunas ocasiones. El miedo es una de las emociones básicas que compartimos tanto humanos como animales. En el desarrollo de la humanidad, el miedo ha jugado un papel crucial, ya que, gracias a él, los humanos han podido detectar los peligros y actuar rápidamente para aumentar las probabilidades de supervivencia. Hoy seguimos funcionando con el mismo sistema y de ello se deriva una infinidad de complicaciones –de lo que comemos a la organización basada en el crecimiento– que suele provocar, emocionalmente, ciertos problemas de adaptación.

De la emoción básica del miedo se desprenden un conjunto de emociones relacionadas que constituyen una gran familia: temor, terror, pánico, pavor, horror, preocupación, susto, espanto, nerviosismo, tensión, aprensión, recelo, canguelo, fobia, ansiedad, estrés, etc. Esto son matices dentro del miedo, a veces de mayor o menor intensidad. Vamos a ver tres matices.

Miedo, ansiedad y estrés

Si el miedo se siente ante un peligro real e inminente, la ansiedad se experimenta ante un peligro posible, pero poco probable. Es más, la suposición de un peligro potencial que un peligro real. Esta es la diferencia entre miedo y ansiedad.

El estrés es un estado emocional que se experimenta cuando estamos ante retos y amenazas que superan nuestros recursos.

Ansiedad y estrés tienen muchos elementos en común. Ambos tienen mucho que ver con las preocupaciones originadas, sobretodo, por la falta de tiempo, exceso de responsabilidad, incapacidad de decir «no» y otras limitaciones personales. En la mayoría de ocasiones las personas que padecen «estrés» ignoran su origen, dificultando de esta manera su solución.

Miedo, ansiedad y estrés constituyen un grupo de emociones que afectan a muchas personas y son una de las causas principales de malestar. Aprender a tomar conciencia de estas emociones para regularlas de forma apropiada puede contribuir a prevenir trastornos emocionales y potenciar el bienestar.

Con la intención de contribuir al desarrollo de las competencias emocionales relacionadas con el miedo, ansiedad y estrés, Carolina Romero ofrece en el excelente *Educación emocional* una serie de actividades relacionadas con el miedo y dirigidas especialmente a la educación primaria y secundaria. Muchas de ellas pueden ser adaptadas para grupos de padres y profesores. Hemos seleccionado tres, en el libro encontraréis bastantes más.

EL SURFISTA

Objetivos

• Nombrar los miedos para tener un mayor autoconocimiento y para poder elaborar estrategias que nos ayuden a afrontarlos de la manera más adecuada.

• Clasificar los miedos según el grado de preocupación para poder ser conscientes de cuáles pueden crear situaciones de mayor estrés o ansiedad.

- **Edad recomendable.** A partir de 12 años y sin límite de edad (incluidos padres y profesores).
- **Materiales.** Hoja de trabajo: El surfista.
- **Procedimiento.** Se inicia la actividad explicando que todos los humanos independientemente del lugar donde hayan nacido o de la educación que hayan recibido sienten miedo, ya que es una de las emociones básicas por excelencia. Es oportuno dar una explicación adecuada para no sentir vergüenza por tener miedo, ya que en ocasiones la vergüenza puede hacer que no se hable de miedos que podrían ser solucionados simplemente compartiéndolos.

En la primera parte de esta actividad se entregará una hoja donde se deberá escribir, por orden de mayor a menor grado de preocupación, los cinco miedos más importantes que identificamos en nosotros. En esta hoja hay un lugar para escribir la fecha, ya que este dato nos dará pie para explicar que los miedos con el tiempo pueden evolucionar, en ocasiones desapareciendo o transformándose.

Una vez hecha la lista, la persona que dirige la actividad se encarga de explicar la metáfora del surfista. Esta metáfora trata de ver los miedos escritos en la lista como olas que el surfista debe hacer frente. A lo largo de nuestra vida los miedos siempre estarán presentes y está en nuestro poder superarlos al igual que el surfista supera las olas montado en su tabla. Pero es importante tener presente que de la misma manera que el surfista se apoya en su tabla, las personas disponen de recursos propios que pueden ayudar a hacer frente a los problemas.

Saber cuáles son nuestros recursos nos ayudará a tener una actitud más proactiva y decidida frente a las olas (miedos).

Después de explicar la metáfora se puede rellenar la columna que lleva por nombre Mi Tabla. En esta columna se deberá anotar aquellos recursos personales que nos ayudarán a superar el problema.

• **Observaciones.** Es positivo para el grupo compartir la lista de miedos en voz alta, ya que ayuda a conocer de una manera más íntima las personas con las que se está, además de poder relativizar los propios miedos. Es importante respetar a las personas que no quieran compartir sus miedos con el grupo. En educación emocional nunca hay que obligar a nadie a hablar en público sobre algo que no desea. A veces la columna de Mi Tabla puede ser difícil de rellenar por aquellas personas que tengan una baja autoestima.

¿GACELA O CABRA?

Objetivos
• Identificar los miedos y ser conscientes de los pensamientos que se interponen cuando se experimenta dicha emoción.

• Imaginar una experiencia de enfrentamiento con uno de los miedos y elaborar una posible reacción para poder analizarla detenidamente.

• **Edad recomendable.** A partir de 12 años y sin límite de edad (incluidos padres y profesores).

• **Materiales.** Hoja de trabajo ¿Gacela o Cabra? y narración de la historia de La gacela y la cabra.

La gacela y la cabra
La gacela es un antílope de talla pequeña o mediana, esbelta y con las patas largas y muy finas que le permiten alcanzar gran velocidad. Suelen vivir en llanuras muy abiertas con algunos arbustos.

La cabra es un mamífero también de talla pequeña o mediana, ágil y capaz de trepar con agilidad por pendientes sumamente empinadas y saltar de un risco alejado a otro.

Lo que nos lleva a comparar estos dos animales no son sus cualidades físicas sino su reacción ante el miedo, la manera cómo gestionan su estrés. Mientras la gacela reacciona huyendo y utilizando todos sus recursos para huir del depredador, la cabra queda paralizada ante la visión del depredador y el miedo la deja estática.

Consecuentemente, mientras la gacela puede tener una oportunidad de salvarse, la cabra es una presa fácil para su depredador.

• **Procedimiento.** Esta actividad está pensada para ser realizada después del ejercicio de *El surfista* en donde la parte introductoria ayuda al grupo a familiarizarse con la emoción del miedo y a comprender la importancia de la actividad.

Luego, de manera individual se deben pensar tres miedos que se identifiquen como los máximos creadores de ansiedad y de estrés en sí mismo. Se pueden hacer servir los primeros tres miedos escritos en la hoja de *El surfista*. Una vez pensados, cada persona los escribirá por orden de importancia en la primera columna de la tabla de la hoja de trabajo de *¿Gacela o cabra?*

Se pide que de manera individual y durante unos minutos cada persona imagine cuál sería su reacción ante el miedo escrito en la primera columna. Cada uno debe valorar su posible reacción calificándola como «de gacela» o «de cabra»: huida o quedar paralizado (inhibición de la respuesta o bloqueo emocional).

La respuesta del resto de columnas de la tabla está pensada para ser realizada como trabajo individual. Aún así, es importante que se compartan las conclusiones, ya que conocer una variedad de respuestas amplía el conocimiento y el repertorio de respuestas ante un conflicto o miedo.

• **Observaciones.** Cuando se pide al grupo que piense en los tres miedos es importante que la persona que dirige al grupo contemple la idea de crear un ambiente idóneo. Para ello puede ser útil realizar unos ejercicios previos de relajación, así como poner música de fondo suave y dejar aproximadamente unos cinco minutos de reflexión.

¡TIRO Y ACIERTO!

Objetivos

• Observar las reacciones de una persona al exponerse a un refuerzo positivo y a un refuerzo negativo.

• Tomar conciencia de la importancia de la confianza y la afabilidad para crear unas buenas relaciones.

• **Edad recomendable.** A partir de 6 años.

• **Materiales.** Una papelera y papel reciclado arrugado en forma de pelota.

• **Procedimiento.** Se escogen dos personas y se les pide que abandonen el aula; deben esperar a que sean llamados. Mientras se les explica el juego y las consignas al resto del grupo: a la primera persona que entre se le taparán los ojos y se le pedirá que intente encestar el papel en la papelera que estará delante suyo. El grupo tendrá la consigna de «comunicar sólo los papeles no acertados» realizando un refuerzo negativo.

Después de unos dos minutos se observará qué pasa con la persona que tiene los ojos tapados y cuantas veces ha encestado. Sucesivamente se hará pasar a la siguiente persona a la cual también se le tapará los ojos y se le pedirá que realice lo mismo que la persona anterior pero esta vez el grupo debe «comunicar sólo los papeles acertados» realizando un refuerzo positivo. Después de pasar el mismo tiempo que el anterior, el grupo observará la diferencia del ambiente y de los aciertos.

• **Observaciones.** De una manera práctica y a través del juego se puede valorar cómo ante el refuerzo negativo las personas actúan con ansiedad y estrés, disminuyendo su rendimiento considerablemente. En cambio, ante el refuerzo positivo las personas actúan con confianza y su rendimiento se ve favorecido.

Estas conclusiones se pueden generalizar y puede ser un momento idóneo para establecer una conversación sobre la manera cómo nos podemos dirigir a los demás y cuál es la forma más adecuada para favorecer una buena relación.

Ira

Aprender a regular la ira para prevenir la violencia

Entendemos la ira como una de las emociones básicas, o primarias. Es una de las emociones más comunes y más observables. Dentro de la familia de la ira encontraremos: rabia, enfado, cólera, rencor, odio, furia, indignación, exasperación, tensión, agitación, irritabilidad, violencia, enojo, celos, envidia, impotencia, etc. Todas ellas constituyen la familia de emociones de la ira, que es la palabra genérica con que se la conoce.

Los estudios más recientes definen la ira como una emoción caracterizada por sentimientos subjetivos que varían en intensidad, desde una molestia o irritación a furia o rabia intensa. La ira se desencadena ante situaciones que son valoradas como injustas o que atentan contra los valores morales y la libertad personal.

Lo que genera la ira

Pueden generar ira situaciones que ejercen un control externo o coacción sobre nuestro comportamiento; personas que nos afectan con abusos verbales o físicos; situaciones en las cuales consideramos que se producen tratamientos injustos; el bloqueo de nuestras metas por parte de otras personas, etc. Cualquier estímulo o evento, según la valoración que se realice sobre el mismo, puede ser potencialmente capaz de desencadenar ira. Nos enfadamos y sentimos ira, en menor o mayor medida, básicamente por dos razones:

• Cuando las cosas no suceden como queremos, y
• Cuando alguien no nos trata como creemos que nos merecemos.

No siempre las cosas salen como queremos. Pero esto no tiene siempre efectos negativos. Por otra parte, no podemos obligar a alguien a que nos trate bien.

La ira está presente en nuestra vida diaria al igual que ocurre con todas las emociones. Con la ira aprendemos a defendernos de lo que nos puede hacer daño. Pero la ira mal regulada puede provocar estragos en la persona que la siente y en su entorno más inmediato. La ira produce incapacidad o dificultad para la ejecución eficaz de los procesos cognitivos; no permite razonar de manera eficaz y eso repercute en la respuesta conductual posterior. Es decir, la ira activa los mecanismos de autodefensa y ello puede derivar en comportamientos agresivos que, a su vez, pueden desatar violencia.

La ira tiene efectos en las relaciones interpersonales y, aunque pueda sorprender a algunos, nos enfadamos con las personas más allegadas y también afecta a las relaciones laborales. La ira perjudica la salud; son muchas las investigaciones que correlacionan positivamente estados de ira con problemas cardiovasculares y de tensión arterial. Pensemos en nuestra propia vida: ¿en qué medida mi ira ha complicado o dificultado alguna relación personal o profesional?

¿Cómo regular la ira?

Cuando sentimos ira tenemos tres opciones: responder agresivamente, no responder (respuesta pasiva) o responder correctamente (asertivamente), una vez regulada la ira. La persona tiene la libertad para decidir cuánto tiempo quiere estar enfadado. A cualquier edad, aunque no se sea consciente de ello.

La respuesta apropiada se puede considerar que, en general, es la asertiva. Pero muchas personas adultas responden de forma pasiva o agresiva, y en ambos casos las consecuencias pueden ser nefastas. La respuesta pasiva (ira hacia dentro) a la larga perjudica la salud y también favorece la respuesta más agresiva pero tal vez de forma indirecta, ya que la acumulación de ira contenida implica a largo plazo una reacción incontrolada.

Con la respuesta agresiva (ira hacia fuera) puede parecer que, de momento, la ira se reduce; pero a la larga empeora la situación porque, así como el cariño atrae cariño, la agresividad atrae más agresividad, violencia y venganza. Es fácil deducir que la forma correcta de tratar la ira es regularla para poder estar bien con uno mismo y con los demás.

Los estudiosos afirman que regular la ira no significa renunciar a nuestros sueños y deseos; al minimizar nuestra ira podremos actuar con confianza y resolución, y así multiplicar nuestras posibilidades de conseguir lo que deseamos en la vida. Diversos autores se han ocupado de las estrategias de regulación emocional. Veamos algunas de las estrategias más conocidas.

• **Distanciamiento temporal.** Se trata de dejar pasar un tiempo desde que se produce la situación (estímulo) que provoca la ira hasta que se desencadena nuestra respuesta conductual. Esto nos permite valorar más objetivamente la situación a la que debemos que hacer frente. El tiempo transcurrido puede ser de unos minutos o incluso de unos días, según sea la situación. Este tiempo puede ocuparse realizando actividades placenteras.

Es decir, para ayudarnos a realizar un distanciamiento utilizamos la distracción conductual y la distracción cognitiva (pensar en otras cosas). También podemos aprovechar para explicar el problema a otras personas o escribirlo para verlo más claramente.

• **Aceptar la parte de responsabilidad en el conflicto.** Aceptar la parte de responsabilidad que podamos tener en un conflicto ayuda a reducir la ira. Entonces aceptamos la posibilidad de que la culpa no sea únicamente del otro. Nos preguntaremos: ¿He actuado de forma correcta? ¿Podría haberlo hecho de otra forma?

• **Actitud positiva.** El optimismo, el sentido del humor, buscar la vertiente cómica de la situación, constituye una buena vía de escape para rebajar las emociones negativas. Muchos de los chistes que se explican habitualmente no parten de una situación divertida sino de una desgracia. Con humor conseguimos distanciarnos de las situaciones y verlas desde una perspectiva más objetiva. Nos distanciamos para tener una visión más global del problema; así nos convertimos en espectadores de nuestras propias actuaciones.

Reírse de uno mismo denota un sano sentido del humor, basado en la autocrítica positiva, fortaleza de carácter y seguridad. La persona optimista, a pesar de los problemas que pueda tener, siempre encuentra motivos que le animen a vivir con entusiasmo e ilusión.

Una actitud positiva en situaciones de extrema dificultad es lo que se entiende por resiliencia. Es un factor de protección que reduce el riesgo ante las adversidades.

• **Reestructuración cognitiva.** Si nuestros pensamientos (valoraciones, convicciones, creencias, etc.) no se ajustan a la realidad, producirán percepciones distorsionadas (deformaciones de la realidad, distorsiones cognitivas) que potencian la aparición de sentimientos y emociones inadecuadas. La ira puede ser una manifestación. Cambiando nuestra manera de pensar, podemos reducir la ira. Las creencias se pueden cambiar con preguntas como: ¿realmente todo va tan mal?, ¿es cierto que siempre me pasa lo mismo, o solamente algunas veces? ¿realmente no lo puedo soportar, o es que me cuesta soportarlo?

• **Reencuadre y resolución del problema.** Es necesario comprender el conflicto para encontrar la solución satisfactoria. Para ello conviene pensar en varias soluciones alternativas y buscar ventajas e inconvenientes para cada una de ellas para elegir la mejor. Hay que tener en cuenta también que equivocarse es una forma de aprender.

Los conflictos exagerados alejan a los niños de quienes los protagonizan.

• **Respiración y relajación.** Es una de las estrategias más utilizadas y útiles (ver pág. 132). Constituye un proceso interactivo, en el que lo fisiológico y lo psicológico interactúan. A nivel físico, los beneficios de la relajación son amplios: disminución de la presión arterial y del ritmo cardíaco; se regula la respiración, lo que aporta más oxígeno al cerebro y a las células en general; estimula el riego sanguíneo; disminuye la tensión muscular; reduce los niveles de segregación de adrenalina y noradrenalina; aumenta la vasodilatación general lo cual facilita una mayor oxigenación periférica; reduce los niveles de colesterol y grasa en sangre; aumenta el nivel de producción de leucocitos, lo cual refuerza las defensas del sistema inmunológico.

• **El papel de padres, cuidadores y educadores.** Es esencial su papel a la hora de regular las emociones, ya que son modelos de referencia. Tres especialistas analizaron en 1978 las reacciones que tenían los niños con sus padres o cuidadores en situaciones de ansiedad. De sus investigaciones concluyeron que existían tres patrones de apego: el apego seguro, el ansioso-ambivalente, y el evasivo. Posteriormente se añadió un cuarto patrón: el apego ansioso desorganizado. Los estilos de apego que se desarrollan tempranamente se mantienen generalmente durante toda la vida y tienen efectos sobre el estilo de regulación emocional.

Los tipos de vínculo que el niño establece con su cuidador principal, como figura que le aporta amor y seguridad, le permite regular el conflicto básico entre amor y odio. La vinculación de apego es importante para la transmisión afectiva y la regulación emocional. Si los vínculos de apego han sido seguros en la infancia, la persona desarrolla formas de sentir y expresar el enfado de forma apropiada, evitando así las manifestaciones de agresividad y los comportamientos disruptivos.

• **En la educación infantil y primaria.** Las etapas de educación infantil y primaria son especialmente importantes para prevenir la violencia y por ello aplicar estrategias de regulación de la ira puede reducir la aparición de conductas agresivas. Durante la etapa escolar es cuando se produce un mayor progreso en la regulación de las emociones. La escuela y la familia, las dos instituciones sociales de mayor repercusión en la vida del niño, se convierten en los dos contextos más influyentes de cara a la configuración de su personalidad. A partir de los 9 meses de edad es posible observar el empleo de ciertas estrategias para modificar un estado emocional no deseado. El procedimiento más empleado consiste en tratar de distraerse con una actividad agradable y apartar de la mente una emoción negativa.

Podemos encontrar más juegos y materiales en el libro *Educación emocional* (ver pág. 159).

Tristeza

La emoción de la tristeza surge de la experiencia de la pérdida de algo o alguien con quien hemos establecido un vínculo afectivo. El cerebro del recién nacido está programado para sobrevivir, para ello busca protección. El vínculo emocional con sus cuidadores le facilita la supervivencia.

El vínculo afectivo

Los vínculos afectivos son una necesidad en los recién nacidos. Pasados los primeros diez meses de vida, los padres, cuidadores y educadores empiezan a observar que el niño expresa su incomodidad ante personas desconocidas o ante la lejanía de sus padres o cuidadores. Estos y otros signos son muestra de que el vínculo afectivo ya se ha producido, es decir, se ha producido el apego.

En la medida que el niño crece hace uno de los aprendizajes socioemocionales más valiosos: aprende a vincularse con los demás, a disfrutar de ello y del afecto que recibe de los demás. También aprende a dar afecto. Este aprendizaje es fundamental para una vida social satisfactoria, fuente de bienestar y felicidad.

El vínculo afectivo está en el origen de la tristeza. Cuando desaparece la figura de apego puede producir tristeza. Esto sugiere que los padres y educadores que quieran trabajar con sus hijos y alumnos la tristeza tengan presente la vinculación emocional. Tres formas de trabajar la vinculación son: analizar el vínculo que ellos mismos como adultos de referencia acostumbran a establecer, analizar el vínculo que los niños mantienen con sus padres o cuidadores, o potenciar un vínculo positivo y seguro.

Una de las formas que tienen los niños de aprender es por observación de modelos. Los modelos son los adultos de referencia. Aprenden de su forma de vincularse con los demás. Siendo así, es interesante y útil reflexionar sobre el modelo de vínculo que se les está transmitiendo, como propone la especialista Mireia Cabero en su trabajo pensado para padres y educadores.

La tristeza inevitable

Con el paso del tiempo y la evolución personal, las personas nos vinculamos no solo a personas queridas, sino también a lugares (ciudades en las que vivimos, colegios dónde estudiamos, objetos, juguetes, etc.), etapas y estados de la vida. Es decir, nos vinculamos emocionalmente con lo que estamos viviendo, si esto nos importa y es significativo para nosotros.

Cuando perdemos estas personas, estos lugares, estos estados, etc., se produce la experiencia de pérdida. Se pierde nuestro vínculo con aquello y la pérdida de la ilusión y los proyectos que lo acompañan. La emoción ante una pérdida es la tristeza. La pérdida y el proceso de duelo tienen sentido en la medida en que la persona ha establecido vínculos emocionales significativos con el otro, porque siendo así el otro forma parte de nuestra vida, de nuestras vivencias emocionales y de nuestro proceso de crecimiento. Perdiéndolo, perdemos una parte de nosotros.

La temporalidad de la mayoría de los vínculos que establecemos hace que a lo largo de la vida podamos vivir muchas pérdidas, y consecuentemente muchos episodios de tristeza. Por ello es recomendable facilitar a los hijos y alumnos el aprendizaje de convivir con la tristeza y superarla.

Conviene distinguir entre tristeza, que es una reacción natural y necesaria, y depresión, que es una enfermedad psicológica.

El duelo
Cuando la pérdida es significativa y muy importante, y de alguna forma rompe con la continuidad de la vida, el cerebro necesita un tiempo para restablecerse. Este tiempo es el duelo. El duelo y sus etapas es el proceso natural y necesario que tiene lugar tras una pérdida muy importante. Incluye no solo el momento de la pérdida sino el momento de la recuperación del sujeto tras la pérdida. Con el tiempo de duelo, el cerebro se toma su tiempo para reconstruir el significado, sentido, equilibrio y nuevas posibilidades de normalizar la vida y poder ser feliz tras la pérdida. Las etapas del duelo se han identificado así: 1. Conmoción. 2. Rabia y agresividad. 3. Desesperanza. 4. Reorganización.

Poco a poco la persona acepta la situación. Poco a poco vuelve a involucrarse con la vida, con sus actividades y su entorno social. En la medida que más va recuperando su vida, más recupera el entusiasmo perdido. Existe una serie de sugerencias para los padres, cuidadores o educadores que estén acompañando a niños en este proceso.

Convivir con la tristeza
Dentro de la convivencia con uno mismo hallamos el reto de la convivencia con las propias emociones, en este caso vivir con la tristeza. Es decir, a permitir que la tristeza nos acompañe, con responsabilidad

hacia ella y hacia nuestro estado emocional, aceptándola a pesar de que no nos guste lo que estamos sintiendo, y pudiendo cuidar de nosotros física y emocionalmente. Aprender a convivir con una emoción, en este caso la tristeza, requiere pequeños aprendizajes previos:

• Identificar que estamos sintiendo tristeza.
• Aceptar la tristeza como una emoción natural y positiva para nuestra recuperación.
• Legitimarla, dándonos la razón por sentirnos así, sin culpas ni reproches; permitiéndonos sentirla.
• Escuchar a la emoción y qué es lo que nos pide para poder actuar coherentemente y con consciencia.
• Expresarla con llanto, o con lo que sintamos necesario.
• Comprender de dónde surge para comprender el episodio emocional en el que estamos.
• Darle tiempo a la tristeza para que haga su curso natural, y darnos tiempo a nosotros mismos para estar con ella sin intentar cambiarla.

Todas estas acciones: ayudar a identificar, aceptar y ayudar a que se acepte, legitimar y permitir, facilitar su expresión, escuchar, comprender y dar tiempo son acciones básicas que los padres, cuidadores y educadores pueden llevar a término con los niños y adolescentes tristes.

Es recomendable que estos propósitos estén presentes en cualquier relación, conversación o actividad que tengamos como adultos con nuestros hijos o alumnos si pretendemos educarles emocionalmente en la tristeza. Cuando un adulto presenta dificultades a la hora de aceptar y acompañar la tristeza de un hijo o de un alumno puede que sea debido a una dificultad en aceptarse y acompañarse a sí mismo en la vivencia de la propia tristeza.

Alegría

Afirma la pedagoga y especialista en educación emocional Mar Romera que «sentirse bien no es ser felices. Se trata de estar en un concepto de flow, de fluir, donde lo que estás haciendo realmente merece la pena».

Ella muestra cómo acompañar a nuestros hijos de forma sana en las emociones e incluso de que, como los hombres grises de Momo, parece que nos han robado el tiempo y hemos perdido el control del aquí y el ahora. «Mis hijos tienen que ver que no soy insensible porque tengo prisa».

¿Podemos acompañar a nuestros hijos en sus emociones, y que las vivan de una manera sana? La mejor manera, que es de sentido común pero muy difícil, es viviéndolas nosotros. Si el adulto referente que está con el niño o la niña vive su enfado, su miedo o su asco desde la naturalidad y la comprensión de lo que está viviendo sin juicios de valor, el niño lo aprende. Pero suele suceder que el sentido común, como decía Groucho Marx, es el menos común de los sentidos.

Los adultos enjuiciamos y peleamos contra nuestras propias emociones y, en ocasiones, cuando las vivimos, no las manifestamos de manera equilibrada. El niño, como aprende lo que nosotros hacemos, aprende así también. De ahí viene el miedo y la incomprensión. Esto va de la mano de conocernos poco, de saber poco sobre cómo funcionan nuestros cerebros cuando es una parte fundamental de nuestra propia existencia.

Autoconcepto

Construir mi propio autoconcepto significa tener un conocimiento real de mis propias potencialidades, mis habilidades y mis características, físicas, cognitivas, emocionales… Conocerme significa saber cómo reacciono ante los acontecimientos, cuáles son mis fortalezas y mis debilidades.

Construir mi propio autoconcepto solo se puede conseguir a partir de una gestión de autonomía. Cuando yo soy pequeña y mis padres me dejan conquistar poco a poco el medio en el que me muevo, yo voy conociendo hasta dónde llegan mis posibilidades. Esa autonomía debe ser siempre conquistada y con unos límites, unas normas que sirvan de control de la propia impulsividad del ser humano. Pero al ir conquistando, voy conociéndome y sé que si hago diez kilómetros me canso, pero si hago cinco estoy bien.

Hay que dar oportunidades para que cada niño y niña se conozca y construya el autoconcepto siempre con expectativas, basándose en el amor incondicional y confianza en

¿PLACER O FELICIDAD?

Solemos cometer errores al interpretar las emociones más importantes y positivas: el placer y la felicidad. Mucha gente las equipara, o creen que son lo mismo, pero son completamente diferentes. ¿Cuáles son las diferencias entre placer y felicidad? El Dr. Robert Lustig, un médico estudioso en neurociencias ha encontrado estas siete, y comenta su importancia:

El placer es dopamina, la felicidad es serotonina

• El placer es pasajero; la felicidad es permanente.
• El placer es visceral; la felicidad es etérea.
• El placer es tomar; la felicidad es dar.
• El placer se puede conseguir con sustancias; la felicidad no se puede conseguir con sustancias.
• El placer se experimenta solo; la felicidad se experimenta en grupos sociales.
• Los placeres extremos llevan a la adicción, sea a través de sustancias o de comportamientos. Pero no hay tal cosa como ser adicto a mucha felicidad.

Y séptima, la más importante:

• El placer es dopamina; la felicidad es serotonina.

Dos neurotransmisores

Son dos mecanismos, dos neurotransmisores. Dos químicos que el cerebro produce y usa para que las neuronas se comuniquen entre sí. Y eso, ¿por qué es importante? Porque la dopamina estimula a la siguiente neurona. Y cuando las neuronas se estimulan excesivamente y con mucha frecuencia, tienden a morir.

La neurona tiene un mecanismo de defensa contra eso. Reduce la cantidad de receptores que pueden ser estimulados, en un intento de mitigar el daño. Llamamos a este proceso «supresión de estímulos». Y muchos de los químicos del organismo hacen eso.

Así que recibes una dosis, generas un estímulo. Los receptores se cierran. La próxima vez necesitarás una dosis mayor para sentir el mismo estímulo, porque hay menos receptores disponibles. Y necesitarás una dosis más grande y más grande, hasta que finalmente recibes una dosis enorme… y no sientes nada. Eso se conoce como tolerancia.

Y luego, cuando las neuronas comienzan a morir, a eso se le llama adicción.

En cambio, la serotonina es inhibidora, no un estimulante. Inhibe al receptor para provocar alegría, para estar «en modo Zen», si queremos llamarlo así. Inhibir un receptor significa que se adhiere, pero no activa el proceso más allá del receptor.

Así que no puedes tener una sobredosis de serotonina. Básicamente lo que hace es desactivar esas neuronas en lugar de acelerarlas. Y, al hacer eso, activas el proceso para la alegría. Ese sentimiento de ser uno con el mundo. Eso que llamamos felicidad.

Hay una cosa que suprime la serotonina: la dopamina. Así, que, mientras más busquemos el placer, más infelices seremos. Por eso, al confundir y mezclar felicidad con placer… el sistema puede seguir vendiendo su basura.

¿Afecta a la educación de los niños?

El sistema se basa en sustancias hedonistas, sustancias que impulsan el placer en vez de la felicidad. Y en el proceso nos hemos vuelto decididamente más infelices. Por eso concierne a la educación de los niños, ya que no puedes resolver un problema si no lo identificas.

él. Las investigaciones neurocientíficas han demostrado que la proyección de expectativas positivas sobre la persona va a mejorar muchísimo los resultados. Son los «confío en ti», «estoy aquí», o «no pasa nada si te equivocas». Y no es el «tú puedes», porque el «tú puedes» provoca una presión tremenda sobre los niños y los adolescentes.

Eso no significa no proyectar expectativas. En la proyección de las expectativas el niño va construyendo su autoconcepto. Y aceptar y valorar ese autoconcepto tal como es, eso es la autoestima. La autoestima no puede considerarse valorar lo que no soy. La autoestima es la valoración sobre el autoconcepto real.

En la sociedad y el momento en el que estamos, de un consumo atroz y de una velocidad tremenda, puedo conseguir mejorar mi dosis de autoestima. Un ejemplo de esto son las redes sociales, las redes sociales de adolescentes y de no tan adolescentes son mentira.

Antes se nos dominaba con el miedo y ahora, con la alegría

Tú miras en las redes las vacaciones de tus colegas y han sido tremendamente maravillosas: a nadie le ha llovido, nadie se ha caído, nadie ha perdido nada, nadie ha tenido una bronca. No es real, es todo una apariencia por la velocidad rápida. Mi autoestima mejora tomando una marca de yogur, vistiendo una marca de ropa, viajando a un determinado sitio… Esto es una falsedad tremenda que nos destroza. No podemos olvidar que ahora mismo la primera causa de muerte entre adolescentes es el suicidio.

¿Podemos lograr que la alegría no sea una nueva adicción de nuestros hijos? Sí; aunque pueda sonar un poco raro, se trata de no facilitarlo todo. El ser humano se mantiene y evoluciona no por la alegría, sino por la curiosidad, la seguridad y la admiración o el amor. Es importante dejarles participar en su propia búsqueda.

Los efectos generados por un estado de alegría interior son duraderos.

Si hay aurora boreal todo el rato, ya no se mira

Queremos que los niños sean felices, pero se lo damos todo hecho. ¿Ser felices es que todos los días haya una fiesta de cumpleaños? Si todos los días hay una fiesta de cumpleaños, a la tercera semana la fiesta ya no me sirve. La fiesta de cumpleaños o el Día de Reyes son chulos porque son una vez al año. Ahora se hace graduación en tres años, seis años, en doce, en catorce, en dieciséis, en dieciocho. El día de tu boda es chulo porque te casas pocas veces, si te casaras todos los años... Vamos subiendo el umbral de dopamina.

Sentir la excitación y la satisfacción que dan la fetilcolina o la serotonina desde la seguridad, desde la calma, desde la curiosidad, eso es lo que realmente nos hace sentir bien. Pero sentirse bien no es ser felices. Se trata de estar en un concepto de *flow*, de fluir, donde lo que estás haciendo realmente merece la pena.

Pero no se tiene que vivir desde la alegría, porque si es desde ahí tu umbral de dopamina sube cada día. Eso no tiene ningún sentido. Algunos chicos después de las cañas de la tarde pasan a las copas de la noche, a la discoteca donde hay algo más que copas y ya necesito el after del día siguiente. No hay un nivel de control y eso te lleva al no disfrute, lógicamente.

Contrarrestar la adicción a la dopamina. Aprender a preguntar

Para contrarrestar esta adicción a la dopamina, podemos cultivar otras emociones agradables, como la seguridad, la curiosidad y la admiración.

¿Cómo? Escuchando a los niños y las niñas y diseñando una educación con la infancia y no para la infancia. Se trata de tenerlos en cuenta y enseñar desde el cerebro del que aprende y no desde el cerebro del que enseña, hacer un sistema en el que la clave sea aprender a preguntar y no aprender a responder.

Preguntar es la clave para evolucionar, para ubicarnos en curiosidad y en admiración. Aprender a responder, hoy, lo hace Google por nosotros.

No puedo pretender que exista ni curiosidad ni admiración en una respuesta, pero sí en provocar una pregunta. Ahora, ante cualquier pregunta del profe el niño sabe que la respuesta la tiene en el bolsillo, por lo tanto no es un reto. A día de hoy el objetivo para la evolución de la propia condición humana es aprender a preguntar, preguntarse siempre el porqué. La clave es potenciar la curiosidad.

El tiempo

Por eso, si queremos que la infancia crezca más sana, uno de los retos más importantes en estos momentos es la gestión del tiempo. ¿Cuánto tiempo gastan las redes sociales en nuestra vida? Las hemos metido sin sacar nada, así que algo falta. Podría estar con mis hijos mientras subo fotos a Instagram, que encima las subo de mis hijos, pero hay un problema del control del aquí y del ahora, de disfrutar del momento sin esperar a un resultado de hoy para mañana.

Necesitamos recuperar y controlar el tiempo de ahora. Nos está pasando un poco como a los hombres de gris de Momo, que se están llevando el tiempo.

Además decimos: «Esto lo hago mañana» y cada noche nos acostamos con cosas sin hacer. Y si nosotros jugamos a redes o a WhatsApp nuestros hijos también. En el momento de la mayor comunicación mundial, vivimos la mayor incomunicación en casa, en los grupos de iguales… Necesitamos tiempo para pasear, para observar la naturaleza, tiempo para llorar y estas lágrimas tienen que ser en familia. Mis hijos tienen que ver que no soy insensible porque tengo prisa.

Palabras o sentimientos

Para educar en las emociones explicar no sirve para nada, sirve el «sentir tú». Niños y niñas aprenden de sus referentes a nivel emocional. Y aprenden de los comportamientos emocionales recurrentes vividos en el seno de la familia, es decir, lo que tú haces como mamá cuando tú te enfadas, la intensidad con la que te enfadas, lo que haces cuando tú lloras, cómo lloras, cómo sientes el miedo. Estas son las lecciones de educación emocional que tus hijos están aprendiendo, sin que se note que te están mirando. Es decir, educar en las emociones dista mucho de basarse en un planteamiento de explicación moral, sino de vivencia emocional. Ellos y ellas te aprenden a ti, no les expliques cómo se hace, vívelo tú. Y la intensidad también la pones tú.

Un niño o una niña de menos de 8 años prácticamente no reflexiona. Piensan, pero no reflexionan, porque sus lóbulos prefrontales no están lo suficientemente construidos para poder reflexionar. Pero te aprenden a ti.

5. Estrategias para la autoconciencia emocional

«Las dificultades preparan
a una persona normal
para un destino extraordinario»

C.S. LEWIS

Estrategias para la autoconciencia emocional

Disciplina positiva

La disciplina positiva es un modelo educativo basado en la amabilidad, la firmeza y el respeto mutuo (de los hijos a los padres, pero también de los padres a los hijos), que desecha herramientas punitivas como los gritos, los castigos, los chantajes, insultos, bofetadas o amenazas.

Orígenes de la disciplina positiva

Podría parecer que la disciplina positiva es un modelo educativo nuevo, pero sus orígenes se remontan a 1920, cuando Alfred Adler, médico y psicoterapeuta austríaco, introdujo por primera vez la idea de la

Todos queremos que nos hagan un poco de caso. Las actividades infantiles deberían generar un interés sincero.

educación para madres y padres. Abogó por un trato respetuoso hacia los niños, pero también argumentó que los niños que no tenían límites o estaban sobreprotegidos, podrían tener problemas sociales y de comportamiento.

Adler y su discípulo Rudolf Dreikurs dieron lugar a esta nueva manera de entender la educación a la que educación a la que llamaron crianza democrática. En la década de 1930, sus teorías llegaron a EE.UU. gracias al Dr. Dreikurs.

En 1988, Jane Nelsen y Lynn Lott, adaptaron sus conocimientos y crearon lo que hoy en día conocemos como «disciplina positiva». Hoy son más de 70 los países en los que la disciplina positiva es un referente educativo y social para crear contextos respetuosos y cooperativos.

Una alternativa intermedia entre el autoritarismo y la permisividad

En su libro *Cómo educar con firmeza y cariño. Disciplina positiva*, Jane Nelsen cuenta que existen tres formas diferentes de enfocar la interacción entre los adultos y los niños: la severidad, la permisividad y la disciplina positiva.

1. Severidad. Un modelo educativo severo, autoritario, es un modelo basado en el control excesivo, en el que el niño no tiene ninguna libertad. No hay opciones más que las que impone el adulto. El niño no participa en absoluto en la toma de decisiones. Son comunes las frases del tipo: «Tú lo haces porque lo digo yo». Existen unas normas y, en caso de que el niño no las cumpla, tendrá un castigo.

2. Permisividad. En este modelo educativo, el niño tiene libertad absoluta para hacer lo que quiera. No hay reglas, no hay límites.

3. Disciplina positiva. En este modelo educativo, el niño puede participar en la toma de decisiones dentro de unos límites que son respetuosos con todos. Juntos se deciden las reglas con las que funciona la familia, y las soluciones que nos ayudan cuando hay problemas. Cuando el adulto tiene que utilizar su criterio sin la opinión del niño, lo hará con firmeza y amabilidad, dignidad y respeto.

Jane Nelsen cuenta en su libro que muchos adultos solo conciben la existencia de los dos extremos: permisividad y severidad. «Las personas que opinan que el castigo es válido lo hacen porque creen que la única alternativa es la permisividad. Las personas que no creen en el castigo con frecuencia se van al otro extremo y se vuelven demasiado permisivas. La disciplina positiva ayuda a los adultos a encontrar un punto intermedio respetuoso, que no es ni demasiado punitivo, ni demasiado permisivo».

7 principios básicos de la disciplina positiva

1. Comprender las «malas» conductas. La mayoría de veces que los adultos pensamos que los niños se están portando mal... ¡no lo están haciendo! Simplemente se están comportando cómo corresponde a su edad. Lo que ocurre es que nuestro desconocimiento de la conducta humana y el desarrollo infantil nos hace identificar esas conductas como erróneas. Hemos de comprender lo que hay detrás de una «mala conducta» y para ello suele citarse el ejemplo del iceberg, ese bloque de hielo que no es solo la parte que se ve, la que sobresale del agua, sino que hay una parte sumergida mucho más grande, y que los barcos deben tener muy en cuenta a la hora de navegar.

Imaginemos que mi hijo mayor pega a mi hija pequeña y yo lo castigo para penalizar su conducta (parte visible del iceberg). Sin embargo, no miro en la parte no visible del iceberg para entender qué le está motivando a pegar a su hermana. En este caso lo hace porque tiene celos. Mañana, en vez de pegarla, le esconderá los juguetes. Yo volveré a castigarle. Su creencia errónea (pensar que yo quiera más a su hermana) seguirá ahí.

No aplicar la teoría del iceberg supone centrarnos solo en la conducta visible, no vemos el fondo (las creencias que lo motivan, el para qué –y no el por qué– se comporta así). Y esto nos impide solucionar el problema. Nos estamos limitando a tratar de controlar el comportamiento «erróneo» de nuestros hijos, y esto solo nos llevará a frustrarnos porque no lo conseguiremos. Nuestros hijos se «portan mal» porque no saben expresar lo que les pasa de otra manera; los malos comportamientos son malas decisiones que nos hablan de una necesidad.

2. Amabilidad y firmeza al mismo tiempo. La disciplina positiva hace hincapié en la necesidad de ser firmes y amables al mismo tiempo. A veces esto puede parecer contradictorio, porque tenemos la creencia de

que amabilidad y firmeza se excluyen mutuamente, pero, como dice Nelsen, ser amables a la vez que firmes es la clave, pues ser amables puede contrarrestar todos los problemas que entraña ser demasiado firmes (rebelión, resentimiento, autoestima dañada) y ser firmes puede contrarrestar todos los problemas que entraña ser demasiado amables (permisividad, manipulación, niños malcriados, autoestima dañada).

La amabilidad es importante para demostrar que respetamos al niño. La firmeza es importante para demostrar que nos respetamos a nosotros.

Jane pone un ejemplo en su libro de cómo ser amables y firmes al mismo tiempo: imaginemos que tu hijo te grita. Una forma amable y firme de abordar esta situación es marcharte de la habitación. No puedes obligar a nadie a tratarte con respeto, pero sí podemos tratarnos nosotros con respeto. Marcharnos es un modo de hacerlo.

Cuando haya pasado un rato, y todos nos hayamos calmado, podemos decirle a nuestro hijo: «siento que te hayas enfadado, respeto tus sentimientos, pero no cómo los expresas. Siempre que me faltes al respeto, yo me iré durante un rato. Te quiero y quiero estar contigo, así que, cuando estés listo para tratarme con respeto, puedes decírmelo y estaré encantada de buscar otras formas de resolver tu enfado que sean respetuosas para los dos».

3. Respeto mutuo. La disciplina positiva basa la relación entre los niños y sus padres (o cualquier adulto) en la igualdad. Todas las personas tienen el mismo derecho al respeto y a ser tratadas con dignidad, Por eso en la disciplina positiva no cabe la humillación ni los métodos punitivos.

Esto supone un gran cambio de mentalidad en una sociedad en la que aún muchas personas ven con buenos ojos a un padre chillando a su hijo en medio de la calle, o dándole un tortazo, pero no lo ven normal en el caso de que fuera un adulto el que estuviera pegando o gritando a otro adulto.

4. Errores convertidos en oportunidades para aprender. Tendemos a ver los errores como algo de lo que avergonzarnos, sin embargo, el error es algo intrínseco al ser humano. No somos perfectos, por tanto, erramos. ¿Qué ocurre cuando penalizamos en exceso el error?

• Perjudicamos la autoestima de nuestros hijos.

• Pueden acabar optando por no asumir retos por miedo a la humillación si no los consiguen.

• Nuestros hijos se vuelven adictos a la aprobación externa y, por tanto, excesivamente complacientes con los demás.

• Pueden intentar disimular o esconder sus errores para evitar que los veamos.

Las madres y padres a menudo transmitimos mensajes negativos sobre los errores para motivar a nuestros hijos a que lo hagan mejor por su propio bien. Pero necesitamos aprender a concebir los errores como oportunidades de aprender. Y si cuando nuestro hijo se equivoca le dijéramos: «Te has equivocado; genial: ¿qué podemos aprender de esto?»

Es el tan conocido ejemplo de Thomas Edison cuando inventó la bombilla eléctrica. No le salió a la primera sino que hizo más de mil intentos, hasta el punto de que un amigo le preguntó por su insistencia en construir una bombilla, si tras más de mil intentos no había conseguido más que fracasos. Edison, respondió: «No son fracasos, he descubierto mil formas de cómo no se debe hacer una bombilla».

5. Reuniones en familia: implicar a los niños en la resolución de los problemas. Pueden celebrarse reuniones familiares de forma semanal para lograr que los niños vayan practicando los procedimientos democráticos de colaborar, aprendan a tenerse respeto mutuo y centrarse en la búsqueda de soluciones a los problemas que puedan surgir.

Buscaremos un hueco en la agenda de la semana para estas reuniones. Se sientan todos en círculo y aprovecharemos para encontrar entre todos soluciones no punitivas a los conflictos familiares y ayudarnos unos a otros en lo que se pueda necesitar. Así, cada vez que surja un conflicto en casa, podrá tratarse en la reunión semanal.

Es importante que los adultos no utilicemos las reuniones para dar sermones ni para ejercer un control excesivo. Cuando los niños aprenden a colaborar en familia, están más dispuestos a cumplir las normas, se convierten en personas responsables, que saben tomar decisiones y tienen un concepto saludable de sí mismas.

6. Centrarnos en las soluciones. Ante un problema (mi hijo no quiere comer, mi hijo no quiere lavarse las manos…), la disciplina positiva trata de buscar soluciones en vez de recurrir a métodos punitivos, como el castigo. La pregunta importante es: ¿Cuál es el problema y cuál es la solución?

Por supuesto, conviene involucrar al niño en la búsqueda de la solución. De esta forma, al ser parte activa del proceso tienden a portarse mejor, porque se sienten tenidos en cuenta. Conviene preguntar al niño sobre sus ideas para evitar el problema en el futuro. Si no las tiene, podemos hacerle sugerencias hasta llegar a un acuerdo. Recordemos que es esencial adoptar una actitud cordial y respetuosa.

7. Motivación. «Los niños necesitan motivación, de igual forma que las plantas necesitan agua», solía decir Dreikurs. Para él, la mejor forma de conseguir que un niño no se porte mal o deje de hacerlo es motivándolo. Sin embargo, las madres y padres solemos reaccionar de otras formas ante la mala conducta, como es, por ejemplo, castigando, porque pensamos que un castigo motiva a un niño o no volver a comportarse de esta forma, sin embargo, no se está teniendo en cuenta las consecuencias a largo plazo de los castigos.

La disciplina positiva genera personas responsables.

Educar en positivo. El resultado

En resumen, ¿por qué es importante educar con disciplina positiva? Veamos cinco razones:

1. La disciplina positiva es muy efectiva a largo plazo

Una de las principales razones de que madres, padres y docentes sigamos recurriendo al castigo o a los gritos es que dan resultado a corto plazo. El castigo suele interrumpir la conducta momentáneamente. El problema radica en sus efectos a largo plazo. Jane Nelsen, creadora del concepto, nos recuerda que cuando un niño es castigado, a la larga, adopta una o las 4 «R» del castigo:

• **Resentimiento:** «Esto es injusto». «No puedo confiar en los adultos»
• **Revancha:** «Ahora están ganando, pero me las pagarán».
• **Rebelión:** «Voy a hacer justo lo contrario para demostrarles que no es necesario hacerlo a su manera».
• **Retraimiento:** «La próxima vez me esconderé para hacerlo y no me pillarán».

En este sentido, Jane nos invita a pensar en la última vez que nos sentimos humillados o tratados injustamente, y nos hace algunas preguntas: ¿tuvimos ganas de colaborar y hacerlo mejor? ¿Nos sentimos motivados a hacerlo mejor? Seguramente la respuesta sea no.

Además, las investigaciones han demostrado que los niños que reciben muchos castigos se vuelven, o bien sumisos, o bien rebeldes. ¿Es eso lo que queremos que sean nuestros hijos, que se acostumbren a obedecer y, por tanto, se conviertan en adultos sumisos? ¿O, en cambio, que se rebelen contra tanto autoritarismo? La disciplina positiva ve la educación como un proyecto a largo plazo, y entiende que nuestros hijos están aprendiendo, y que sus comportamientos no pueden cambiar de hoy a mañana, aprender nos lleva toda una vida.

2. Educa niños responsables

¿Un niño que siempre se ha limitado a cumplir órdenes, con miedo a no hacerlo por las consecuencias, puede aprender a tomar decisiones y a responsabilizarse de ellas? La respuesta es no. ¿Un niño al que siempre le han dejado hacer lo que él quiera, sin tener que respetar nada ni a nadie, puede ser un adulto respetuoso con los demás y sentirse, por tanto, responsable de sus actos? No.

Los niños no desarrollan su responsabilidad cuando nosotros, sus padres o profesores, somos demasiado estrictos y controladores, ni tampoco cuando somos demasiado permisivos. Los niños aprenden a ser responsables cuando tienen oportunidades de serlo. La disciplina positiva, al involucrar a los niños en la búsqueda de soluciones a los problemas que pueden surgir en la familia, a través, por ejemplo, de las reuniones semanales, va enseñando al niño a tomar decisiones y a asumir las consecuencias de las mismas.

3. Fomenta la autoestima

Los niños a los que se les ha educado con premios y castigos, aprenden a actuar buscando siempre nuestra aprobación y, por tanto, desarrollan una autoestima externa. «Erróneamente, hemos pretendido regalar autoestima a nuestros hijos con elogios, premios, pegatinas de caras sonrientes que indican que mamá está contenta porque hoy se han portado bien, pero hemos asumido un riesgo, que el niño piense que vale lo que los demás digan que vale. De esta forma, un niño puede convertirse en un adicto a la aprobación externa», nos alerta Jane Nelsen.

La disciplina positiva busca que el niño desarrolle una autoestima interna, en la que sea él quién se evalúe a sí mismo. Y lo consigue de varias formas:

• Viendo el error como un aprendizaje, y no como algo negativo que hay que penalizar a través de, por ejemplo, un castigo.

• Ayudando a nuestros hijos a sentirse bien, útiles; se les tiene en cuenta permitiéndoles colaborar en la familia, también en la toma de decisiones y en la resolución de conflictos.

• Haciéndoles sentir que su opinión nos importa, que les consideramos y que son capaces.

4. Fortalece el vínculo

Cuando aprendemos a ver lo que hay detrás de un «mal comportamiento» de nuestro hijo, es decir, que no están buscando molestarnos, sino expresarnos que se sienten mal por algo, y entendemos que sus conductas inadecuadas son malas decisiones porque no saben todavía hacerlo mejor, nuestra relación se fortalece y el vínculo se hace irrompible.

Además, se fortalecerá la confianza que nuestros hijos tienen en nosotros, porque al recibir comprensión y conexión antes de las correcciones necesarias, ya no nos verán como una figura lejana, que solo juzga, castiga o da sermones. Los problemas irán mejorando, en un proceso continuo, no pretenderemos que aprendan ya y ahora.

Crecer nos lleva toda una vida. Educar entendiendo sus creencias equivocadas lo cambia todo.

5. Ayuda a adquirir valiosas competencias sociales

Si echamos un vistazo a las investigaciones que hay sobre las consecuencias a la larga de los castigos, descubrimos que fomentan la violencia, el disimulo, la falta de autoestima, y muchas otras competencias negativas. Y nosotros, ¿qué competencias sociales queremos que desarrollen nuestros hijos? ¿No nos gustaría que fueran respetuosos, que aceptasen las opiniones y necesidades de los demás, que fueran compasivos, que tuvieran competencias para resolver problemas, que fueran honestos, colaboradores, autodisciplinados? Si queremos estas habilidades en nuestros hijos, lo lógico es que se las vayamos enseñando desde pequeños.

La disciplina positiva, al quitar de en medio el castigo, el chantaje, las amenazas, y poner en el centro el respeto mutuo y la colaboración de todos los miembros de la familia en la toma de decisiones, fomenta en nuestros hijos estas habilidades, que tanto les van a servir en su vida social.

En casa.
Conciencia de uno mismo

Como hemos dicho, a partir de un año más o menos ya podemos empezar a trabajar con nuestros hijos la educación emocional en casa teniendo en cuenta estos cinco puntos:

1. Conciencia de uno mismo. Es importante que el niño tenga un conocimiento pleno sobre sí mismo. Debemos ayudarle a conocer tanto sus virtudes como sus defectos para que adquiera confianza en sí mismo y tenga una mayor capacidad autocrítica. Reforzar su autoconciencia le ayudará a tomar mejores decisiones en el futuro y no guiarse solo por sus emociones.

2. Autorregulación. No podemos eliminar sentimientos como la rabia o la frustración en nuestros hijos, pero sí que podemos ayudarles a regular estos estados de nerviosismo o impulsividad, creando en ellos una mayor serenidad. Esta cualidad puede ayudar a los más pequeños a crear herramientas para su futuro que les permitan gestionar mejor sus decisiones, por ejemplo, pensando antes de actuar.

3. Motivación. Es imprescindible para que los más pequeños logren sus objetivos vitales. Trabajar la motivación les ayuda a adquirir tenacidad, ilusión, perseverancia, y hasta tolerancia ante las frustraciones.

4. Empatía. La empatía es fundamental para que nuestros hijos puedan comprender lo que sienten las personas a su alrededor. Si aprenden a reconocer las emociones de los demás, saber escucharlos, ponerse en su lugar y entender cómo se sienten tendrán hecha una buena parte del camino de las relaciones sociales que les acompañarán el resto de su vida.

5. Habilidades sociales. Las habilidades sociales están estrechamente ligadas con la empatía, ya que es imprescindible comprender las emociones de las personas a nuestro alrededor para saber cómo actuar. Si las trabaja, el niño logrará interactuar de forma adecuada y con más capacidad de asertividad. Desarrollar estos cinco aspectos en nuestros hijos sin una preparación o materiales adecuados puede ser complicado. Seguramente por eso se han creado una serie de «juegos de emociones» que pueden ayudar.

¿Manipulamos emocionalmente a nuestros hijos?

Manipulación y chantaje emocional

Son estrategias a las que solemos recurrir y que deberíamos desterrar de la educación. La manipulación y el chantaje emocional están más presentes de lo que nos gustaría en muchas de las relaciones interpersonales que mantenemos en nuestro día a día. Tanto que, muchas veces, lo acabamos normalizando y nos cuesta bastante identificarlo, e incluso lo usamos con nuestros hijos y familiares.

Ya sea porque queremos que nos hagan caso, que corrijan una conducta, porque reproducimos la forma en que nos educaron a nosotros... o por la razón que sea, la manipulación y el chantaje emocional son herramientas bastante frecuentes en la educación. Y usar estas «técnicas» con nuestros hijos puede ser muy perjudicial para ellos.

Por eso es importante que aprendamos a identificar algunas de las formas más frecuentes de manipulación emocional para, así, poder evitarlas en la medida de lo posible. Veamos algunos ejemplos:

«Si no haces esto, te dejaré de querer»

Esta frase es bastante común cuando queremos que nuestros hijos nos obedezcan y estamos hartos de repetirles una y otra vez lo que queremos que hagan. Pero la verdad es que les estamos chantajeando emocionalmente, utilizando el amor como moneda de cambio para conseguir nuestro objetivo.

Debemos ser conscientes de que nuestros hijos necesitan sentir que nuestro amor es incondicional, que les vamos a querer siempre, pase lo que pase, y cuando son pequeños este tipo de frases se las toman al pie de la letra y sienten miedo de verdad.

Por eso, como apunta el psicólogo Alberto Soler, «el peor miedo que puede tener un niño es a su familia. En un momento en el que somos sumamente dependientes, que las figuras que nos deben proporcionar seguridad utilicen el miedo como estrategia para educarnos es el peor miedo que podemos sentir».

«Cualquier día cojo la puerta y me voy»

Probablemente una de las frases que más escuchamos nosotros cuando éramos pequeños. Y, en línea con la anterior, también causa miedo en nuestros hijos e hijas que lo asumen como una posibilidad real.

Amenazar a nuestros hijos con nuestro abandono es más cruel de lo que pensamos. Además, somos sus principales figuras de apego y, como tales, debemos proporcionarles seguridad y aceptación, no miedo y culpa. El miedo es una emoción que nunca utilizaremos como recurso educativo.

«Como no me hagas caso te vas a enterar»

Este es otro ejemplo bastante habitual de amenazar y meter miedo a los niños para que hagan lo que les ordenamos. Pero hemos de tener en cuenta que, además de lo que ya hemos comentado sobre las amenazas en niños, si nuestros hijos siguen las normas por miedo a las consecuencias, un día dejarán de seguirlas.

«Mira cómo estoy por tu culpa, me has hecho pegarte»

Otra forma de manipular emocionalmente a los niños es a través del victimismo y de responsabilizarles de nuestro comportamiento. Como nos recuerda la pedagoga Eva Bach: «Hemos de transmitir a nuestros hijos que pueden sentir cualquier cosa, pero no pueden hacer cualquier cosa con lo que sienten». Y este gran aprendizaje también nos lo tenemos que aplicar a nosotros mismos y responsabilizarnos de nuestros actos.

Castigar con el silencio

Esta es otra estrategia a la que solemos recurrir bastante: hacernos los sordos o dejar de hablarles. No nos referimos a ese momento en el que el niño está en cólera y decidimos esperar un ratito a que se tranquilice para poder hablar desde la calma, no. Nos referimos a cas-

tigarle con nuestro silencio, evitarle, ignorarle. Esto se conoce como «la ley del hielo».

La ley del hielo es una conducta pasivo-agresiva y una forma de abuso emocional. Sucede cuando alguien se enfada y, en lugar de hablar las cosas, actúa con frialdad, distanciamiento emocional y falta de empatía.

En quien lo sufre, esto provocará incertidumbre, estrés, ansiedad, tristeza, baja autoestima, inseguridad o una constante preocupación. Sabiendo todo esto, no utilicemos el silencio para castigar a nuestros hijos. Ni a nadie.

«Deja de llorar, que te está mirando todo el mundo»

Por último, no podemos olvidarnos de la humillación, de hacerles pasar vergüenza o ridiculizarles delante de la gente para que se comporten de una manera determinada. Esto, además de ser una estrategia bastante cruel, también invita a la no expresión de las emociones y la negación de las mismas, lo que puede repercutir en una mala gestión emocional presente y futura en nuestros hijos… ¿y es eso lo que queremos?

En definitiva, darnos cuenta de que hemos utilizado estas frases con nuestros hijos e hijas no nos debe hacer sentir culpables o que lo estamos haciendo mal. Es lógico que utilicemos las estrategias que usaban nuestros padres con nosotros o que hemos aprendido que funcionan en el corto plazo. Sin embargo, ahora que ya sabemos que pueden ser perjudiciales, ¿nos ponemos manos a la obra para desterrarlas de la educación?

En la escuela.
Potenciar la inteligencia emocional en los niños

Como cualquier otra cualidad o habilidad, la inteligencia emocional se puede enseñar o potenciar. Es un proceso educativo, continuo y permanente cuyo objetivo es el desarrollo de competencias emocionales como elemento esencial del desarrollo integral de la persona. Se trata de concebir las competencias emocionales como absolutamente básicas para desenvolverse con éxito en la vida, afrontar mejor los retos y aportar mayor bienestar personal y social.

La mejor forma de incluir la educación emocional en clase es de forma transversal, incorporando los principios de la inteligencia emocional en las asignaturas y actividades escolares. Por ejemplo:

• **Conocer mejor las propias emociones y las ajenas.** Para que un niño aprenda a gestionar o manejar mejor sus emociones y las de sus compañeros es necesario que ante todo aprenda a identificarlas, por ejemplo enseñándole a establecer conexiones entre sus propios sentimientos con preguntas como: «¿Cuándo he tenido anteriormente esta sensación y cómo he logrado superarla?». De todas formas es una tarea lenta y compleja, que requiere paciencia y constancia.

• **Enseñar a gestionar sentimientos contradictorios.** Las decisiones implican ganar y perder cosas y muchos sentimientos se contradicen unos a otros. Si eso ya es difícil de asumir por muchos adultos, aún lo es más en los niños. Es importante explicarles con sus propias palabras y referentes, por ejemplo con fábulas, cuentos o moralejas (ver pág. 148), que en la vida se van a tener que enfrentar a decisiones complejas y difíciles.

• **Ayudarles a controlar el estrés.** Aunque no lo parezca, muchos niños sufren de estrés por problemas en el colegio o familiares. Hay técnicas que funcionan en los adultos, como los ejercicios de relajación y de meditación (ver pág. 132), o hacer deporte, que también son positivas para los niños y es útil animarles a practicarlas si están nerviosos o con ansiedad.

• **Actitud positiva.** La actitud vital es fundamental y, tanto en casa como en el aula, padres y maestros pueden llegar a tener un papel muy activo en el desarrollo de las competencias emocionales, animándoles a mantener el optimismo ante los problemas y dificultades de la vida a través de la comprensión y el resto de propuestas que os ofrecemos, en vez de obsesionarse con actitudes y pensamientos negativos.

• **Sentimientos en acción.** Conviene integrar la inteligencia emocional en todos los campos educativos, pero también el profesor puede organizar y dirigir, de vez en cuando, actividades para escolares, tanto de corta edad como adolescentes, donde se les enseñe y anime a comprender y comunicar sus propios sentimientos y emociones.

Un simple ritual, en este caso dirigido a niños pequeños, donde se anime al niño a comentar cada día cómo se siente de forma natural, alegre y con sus propias palabras, puede ser otra ayuda para forjar una personalidad capaz de manejar los sentimientos propios y enfatizar con los otros compañeros.

• **La rueda de los sentimientos.** Para aumentar el vocabulario emocional y tomar conciencia de las diferentes emociones y estados de ánimo, también se pueden poner en marcha actividades de teatralización de las emociones más habituales: alegría, tristeza o decepción, entre otras.

• **Entrenamiento para dominar mejor las emociones.** Vale la pena que los niños aprendan una serie de habilidades que les permitan regular y controlar sus emociones sin exagerarlas o evitarlas. Para ello, podemos desarrollar diferentes estrategias que ayudarán a reducir las emociones intensas y sentirse más calmado. Entre las más conocidas, leer, jugar, respirar profundamente, apartarse del lugar, pensar en otra cosa, contar hasta diez, pasear, hablar con un compañero o con los amigos, escuchar música, etc.

6. De la ansiedad a la empatía

«El temor agudiza los sentidos,
la ansiedad los paraliza»

KURT GOLDSTEIN

De la ansiedad
a la empatía

Solemos pensar que el estrés o la ansiedad son cosas de adultos, que los niños y niñas viven en una burbuja de felicidad e imaginación y que no son tan vulnerables a lo que nos estresa día a día, pero eso no es así. Los niños, niñas y adolescentes también pueden padecer ansiedad debido a su entorno y sus actividades: por ejemplo, la escuela, las actividades extraescolares, la situación familiar o las amistades.

Un niño ansioso

Comencé a interesarme por la ansiedad al ver que Álex, nuestro hijo pequeño, no respiraba bien. Para la madre su crianza y educación eran un auténtico problema, que delegaba en la abuela. Y para mí, que teletrabajo en casa, era una situación extraña; le daba todo mi cariño, pero en conjunto no era suficiente. Álex no recibía la atención que merecía. O mejor dicho, estaba creciendo un niño sano sin casi ninguna atención o muestra de afecto.

Por otra parte, al cabo de los tres primeros años de escuela no había recibido elogios en especial. A los seis años pidió dejar la escuela de música —no le gustaban aquellas exigencias—. Y acudía a logopedia.

El resultado fue, por aquel entonces, un niño sin espacio entre nosotros. Su sensación de «ser una molestia», de «no disponer de tiempo para dedicarlo a él», originó en Álex una necesidad de hablar rápido y con palabras precisas —¡en un niño de seis años!—. No es de extrañar que se le notase una respiración acelerada y otras muestras de ansiedad.

Tuvimos la inmensa suerte de que se cruzara en nuestra vida una persona singular, que además se dedicaba profesionalmente a cuestiones de psicología. El resultado no se hizo esperar. Cada semana, cada mes, cada año, notábamos una mejora impresionante en su carácter y su personalidad. En la escuela el hoy adolescente Álex es apreciado y muy bien valorado por profesores y compañeros. Su actividad estudiantil está en la media razonable para los tiempos que corren, respira perfectamente, habla sin prisas, siente curiosidad por las cosas y está ilusionado con su futuro. Y por supuesto, aquella respiración alterada, aquella ansiedad infantil, han desaparecido por completo.

El secreto del cambio

¿Cuál fue el secreto de un cambio tan grande? Algo tan sencillo como estar por él, darle muestras de cariño y hacerle caso en los detalles. Animarlo en sus éxitos escolares y dejarle hablar y expresarse sin prisas. El niño dejaba de ser considerado como «un estorbo» o una molestia, y sobre todo, notaba afecto y amor.

Las incidencias de la vida van a ir cincelando luego su personalidad y carácter con el paso del tiempo, pero su percepción de que en casa tiene un refugio y –al menos– un par de personas en las que confiar, hace que las cosas cambien y la persona acepte responsabilidades.

Dentro de cada persona conviven circunstancias que generan tanto tranquilidad como estrés. Está en nuestras manos atenderlas, antes de que puedan convertirse en un problema.

Señales del estrés infantil

Podemos encontrar estados de ansiedad de todo tipo; uno de los más frecuentes es el estado de excitación excesiva en los juegos y actividades. Un exceso de hiperactividad o barullo en el juego puede terminar en lágrimas o accidentes. Cualquiera de ellos puede resolverse fijándonos un poco en los detalles, y prestando atención a las emociones que dan forma a su personalidad.

Hay algunas pistas que nos pueden indicar que nuestro hijo/a está sufriendo ansiedad y a las que debemos prestar mucha atención:

• **Irritabilidad o mala conducta.** Los niños tienen muy poca maduración emocional y casi todas las emociones al final acaban expresándolas en forma de mal comportamiento.

• **Cansancio excesivo.** Sensación de agotamiento, de somnolencia…

• **Falta de motivación.** No tienen ganas de jugar, de salir, de ir al cole. Actividades que solían llevar a cabo en su rutina, incluso que solían hacerles ilusión, ahora no se sienten motivados.

• **Que estén llorones o tristes.** Están desbordados por las emociones y normalmente tienen el llanto bastante fácil.

• **Somatización**, es decir, que los niños experimenten dolores o malestar que a priori no se reconocen a través de un examen médico. Normalmente son dolores gastrointestinales y dolores de cabeza.

• **Trastornos del sueño.** Un niño estresado suele despertarse a menudo; en general, probablemente tendrá preocupaciones que podrán hacer que aparezcan dificultades para conciliar el sueño, con pesadillas o cierto insomnio.

• **Manías.** Cuando una persona está más ansiosa a veces se incrementan sus manías, y si tenía una manía de orden, por ejemplo, se ve acrecentada.

• **Cambios en la alimentación.** Puede que tengan más ganas de comer que de normal, o todo lo contrario, que tengan menos apetito que habitualmente. También puede que pidan comer más dulces o con horarios desordenados.

Qué puede ayudar

• **Observar bien a nuestros hijos.** Si identificamos alguno de los anteriores factores en nuestro hijo, es importante intentar averiguar qué le puede estar influyendo.

• **Fomentar la comunicación.** Si nuestro hijo/a es adolescente, es probable que si está estresado o ansioso se retraiga o se aísle de nosotros, lo que dificulta el proceso comunicativo. Por nuestra parte debemos proporcionarles una escucha activa que propicie la comunicación, que se abran a nosotros cuando lo necesiten, y eso se logra si ellos sienten que de verdad nos importan y que lo que nos están contando tiene mucho valor.

• **Legitimar sus emociones y acompañarles.** Bloquear algunas emociones, negarlas o tratar de huir de ellas no les beneficiará, sino todo lo contrario. Legitimar, poner nombre y aceptar todas las emociones que sienten.

• **Evitar la sobrecarga informativa.** Ayudemos a nuestros hijos/as a gestionar la cantidad de información que reciben sobre la situación actual y proporcionémosles la información apropiada en función de su edad, siempre buscando fuentes fiables y certeras.

• **Fomentar un uso responsable de las tecnologías,** que pueden actuar como fuentes de estrés, tanto para nosotros como para nuestros hijos:

- Como hemos dicho, pasar mucho tiempo delante de las pantallas les impide estar haciendo otras cosas más saludables para ellos, como los juegos físicos, leer o estar simplemente aburriéndose y mirando al techo.

- Los elementos estresantes de las redes sociales, por ejemplo la imagen corporal, que sus publicaciones tengan o no tengan 'me gusta' o, en general, cierta aprobación social.

- La exposición continuada –a veces exagerada– a estímulos digitales constituye un factor de estrés para los más pequeños, además puede contribuir a crear insomnio y adicción.

Si reconocemos estos factores o alguno de estos síntomas en nuestros hijos, aparte de apoyarles y ayudarles a que gestionen sus emociones y las razones que les están provocando ese estrés, suele ser recomendable buscar atención psicológica para que este proceso sea más llevadero y nuestro hijo reciba ayuda de profesionales en el asunto. Ahora bien, ¿y si las cosas se tuercen seriamente? Veamos un poco más sobre la empatía y la resiliencia.

¿Qué es la resiliencia?

La posibilidad de que sólo nos ocurran cosas buenas en la vida es remota. Además, para las cosas buenas no nos tenemos que preparar, pero para los fracasos, los reveses, las pérdidas, sí debemos prepararnos. Una de las habilidades que nos ayuda a enfrentarnos de manera óptima a estos reveses o retos que nos plantea la vida es la resiliencia, por eso es tan importante ayudar a nuestros hijos a desarrollarla.

La resiliencia es la capacidad de una persona o grupo de personas de seguir proyectándose en el futuro a pesar de los acontecimientos desestabilizadores, de condiciones de vida difíciles y de traumas o experiencias graves. Es decir, no solo aguantar, sino recuperarnos y crecer a partir de esa situación de estrés, de sufrimiento, de ansiedad. Ser una persona resiliente no significa no sufrir, no experimentar estrés, ansiedad, dolor, tristeza… No: en el camino a la resiliencia tenemos que aceptar el malestar. «Lo que ha pasado me deja cicatriz, pero salgo adelante».

¿Por qué es tan importante desarrollar la resiliencia de nuestros hijos?

Podríamos decir que la resiliencia actúa como escudo protector ante las adversidades a las que nosotros y nuestros hijos vamos a tener que enfrentarnos sí o sí en la vida. Es muy importante saber que la resiliencia no aparece por arte de magia cuando la necesitamos. La resiliencia hay que desarrollarla, entrenarla. Si, por ejemplo, vivimos una situación

estresante, novedosa como la pandemia y necesitamos la resiliencia y no la hemos entrenado, no la vamos a tener.

Hay quien dice que la resiliencia es la clave de la felicidad. No es el único ingrediente, porque la felicidad es una actitud interna, pero sí que es la habilidad que nos proporciona calidad de vida y, por tanto, nos acerca a la felicidad. La resiliencia es uno de los mejores regalos que los padres pueden hacerles a sus hijos.

Desarrollar la resiliencia en los niños

El neurólogo y psiquiatra francés Boris Cyrulnik definió la idea de resiliencia como la capacidad de iniciar un nuevo desarrollo después de un trauma. No puede haber una definición más sencilla. Si alguien está traumatizado, y, después de la desgracia, es capaz de iniciar un nuevo desarrollo, entonces hablamos de resiliencia.

Desde el punto de vista de la resiliencia, el aspecto más especial y original es el énfasis de la necesidad del otro como punto de apoyo para la superación de la adversidad. Entre los factores de resiliencia encontraremos:

• La capacidad para hacer planes realistas y seguir los pasos necesarios para llevarlos a cabo.

• Una visión positiva de sí mismos, y confianza en sus fortalezas y habilidades.

• Destrezas en la comunicación y en la solución de problemas.

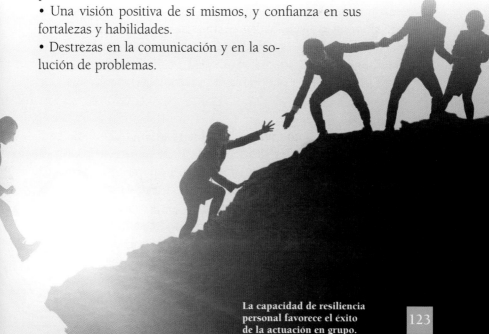

La capacidad de resiliencia personal favorece el éxito de la actuación en grupo.

La resiliencia es entendida como el proceso que permite a las personas desarrollarse con normalidad y en armonía con su medio a pesar de vivir en un contexto desfavorecido socioculturalmente y a pesar de haber experimentado situaciones conflictivas desde su niñez.

La persona resiliente desprende positividad, atrae a la gente y como no tiende a enfadarse o a guardar rencor es más fácil que conserve sus amistades. También pide ayuda cuando lo necesita, no se bloquea ni se encierra en sí misma, y eso le ayudará a conocer a gente y a tejer una buena red de amistades.

Para desarrollar la resiliencia de nuestros hijos

Como hemos comentado, la resiliencia es una habilidad que hay que desarrollar, y las madres y padres podemos ayudar a nuestros hijos a hacerlo. La psicóloga Begoña Ibarrola ofrece 8 claves para desarrollar la resiliencia en nuestros hijos.

1. Seguridad y amor. El apego seguro es la base del edificio que es la resiliencia. Es decir, aportar a nuestros hijos seguridad y amor es el primer paso para dotarles de esta habilidad. Cubrir todas sus necesidades, no solo las fisiológicas, también las afectivas. Nuestros hijos necesitan sentirse queridos, tenidos en cuenta, respetados, amados. Un niño cuyas necesidades afectivas no han sido cubiertas en la infancia, pasará toda la vida buscando cubrir esa carencia, y no será difícil que ante la mínima adversidad, acabe desarrollando una adicción (a las drogas, a la comida, a la tecnología) o relaciones de dependencia emocional.

2. Autoestima. Una autoestima sana y fuerte es imprescindible para afrontar con éxito cualquier situación difícil que depare el futuro. Es vital que nuestros hijos aprendan a quererse, a valorarse, a respetarse, a confiar en sus capacidades. Esto no significa que tengamos que decir a nuestros hijos que todo lo hacen bien: es decirles que los seres humanos aprendemos con ensayo y error, y todos tenemos fortalezas y debilidades. Si nosotros confiamos en ellos, ellos van a confiar en sí mismos, si nosotros no confiamos en ellos, tendrán una autoestima baja y, ante cualquier problema, lo verán como una catástrofe a la que no podrán hacer frente. Y ni siquiera van a intentar superarla, porque se van a sentir desbordados.

3. Facilitar las relaciones sociales. Poca gente relaciona tener amigos con ser resiliente, pero tiene mucho que ver. Un niño aislado es más débil. El asilamiento promueve la inseguridad y el miedo. El aislamiento social va a hacer que ante cualquier adversidad, no se sienta capaz y además no tenga esa red de apoyo que le ayude en los momentos difícil. Por tanto, al enseñar a nuestros hijos a hacer amigos, a cultivar las amistades, les estamos ayudando a desarrollar la resiliencia.

4. Enseñarles a abordar los problemas. A veces, con buena intención, las madres y padres tendemos a evitar los problemas a nuestros hijos, sin darnos cuenta de que esos pequeños problemas que les pueden surgir en la infancia les van a servir de entrenamiento para afrontar problemas más grandes en la adolescencia y en la edad adulta. Por tanto, no evitaremos los problemas, ayudarles a que se sientan capaces de superarlos.

5. Ser solidarios. Hay que enseñar a nuestros hijos desde pequeños la importancia de ayudar a los demás, de ver al resto de las personas como un semejante, no como un enemigo. Está demostrado que cuando ayudamos a alguien, nos sentimos mejor, pero es que además se darán cuenta de que las personas tejemos redes entre nosotros, nos ayudamos unos a otros. Por tanto, la solidaridad favorece la resiliencia.

6. Enseñarles a ponerse metas. Desde pequeños, nuestros hijos deben ponerse metas que vayan superando y que les sirvan de motivación. De esta forma, mejorarán su autoestima y el sentimiento de «yo puedo».

Atención: las metas deben ser asequibles, porque si se ponen metas imposibles, lo único que conseguiremos es que se frustren. Por tanto, metas adaptadas a su edad y a sus capacidades. Y, cada vez que las logren, felicitarles por el esfuerzo que han puesto en conseguirlas.

7. Enseñarles a ver las dificultades como retos. Ante una dificultad, asumir, en primer lugar, que esta nos provoca un cierto grado de malestar, pero rápidamente, enseñar a nuestro hijo a ver esta dificultad como un reto. ¿Cómo? Intentando buscar una solución siendo creativos y flexibles.

La creatividad nos permite buscar diferentes alternativas, de forma que cuando algo no va bien por el camino A, buscamos el camino B. Y flexibles, porque si el camino A no ha funcionado, podemos abrir la mente y probar a ir al B.

8. El error como aprendizaje. Y, muy importante, enseñarles a ver los errores como oportunidades de aprendizaje, no como fracasos. Y aquí tenemos un papel fundamental las madres y padres, si penalizamos continuamente los errores de nuestros hijos, ante el miedo al fallo, se vendrán abajo y no querrán enfrentarse a esos retos que les va a plantear la vida.

Resiliencia familiar

Se trata de la habilidad de enfrentarnos a los problemas y adversidades como grupo. Disponemos de tres factores protectores, tres sencillos hábitos o formas de relacionarnos en familia que van a hacer a nuestra familia más fuerte y menos vulnerable a los problemas:

• **Tiempo:** Pasar tiempo juntos es un elemento protector. No solo hablo de tiempo de calidad, también cantidad.

• **Rutinas y tradiciones:** Nos proporcionan sentido de pertenencia a un grupo. Nos hacen sentir que pertenecemos a algo mucho más grande que nosotros. «El equipo es más que la suma de sus partes. Sentimos que juntos somos más grandes.»

• **Celebraciones familiares:** En ellas se agradecen los logros, los triunfos. Se comparten momentos de alegría, pero también momentos difíciles.

Actuación de las familias resilientes ante las adversidades:

• **Son capaces de actuar adecuadamente ante la crisis.** No niegan la crisis, sino que ponen todos los recursos en común para ayudarse. Si la ayuda propia dentro de la familia no es suficiente, se pide ayuda fuera.

Nuestros hijos han de saber que les apoyamos, sin que necesariamente tengamos que estar todo el rato ayudándoles.

• **Se comunican de forma asertiva y respetuosa.** Además, tienen muy en cuenta el punto de vista del otro.

• **Se unen más cuando la vida les golpea.**

• **Desarrollan un optimismo realista.** No niegan la situación, la gravedad de lo que está pasando, pero se centran en lo positivo y buscan soluciones.

• **Se apoyan en su red social.** Las familias resilientes suelen tener una red de relaciones (amigos, familiares, vecinos…) que les ayudan ante situaciones adversas.

¿Y la empatía?

Todos los padres queremos que nuestros hijos muestren empatía hacia otras personas, aunque también puede ser que usted no sepa cómo enseñársela a su hijo. Además, enseñarle empatía puede ser particularmente complicado si él piensa y aprende de una manera diferente.

En realidad la empatía sólo se puede aprender si alguien ha estado empático con nosotros. En vez de una pedagogía de la empatía, lo que hay es experiencia, si bien las personas muy resilientes la pueden desarrollar. En todo caso os ofrecemos una serie de consejos que ayudarán a padres, maestros y educadores a acercarse mejor a los niños.

Un niño que muestra empatía es capaz de entender y apreciar las ideas, los sentimientos y las experiencias de otras personas. Pero adquirir esta capacidad puede que sea difícil para los niños que tienen problemas de atención o dificultades para las habilidades sociales.

Por ejemplo, algunos niños con TDAH pueden estar moviéndose tan rápido que no se dan cuenta cómo se está sintiendo otra persona. Puede que también se les dificulte enfocarse en una situación. Los niños que tienen problemas para socializar, como es el caso de quienes tienen discapacidades del aprendizaje no verbal, a menudo tienen dificultad para captar las señales no verbales. Puede que no se den cuenta o no entiendan las emociones que las personas están mostrando.

Eso no quiere decir que estos niños no se preocupen por los demás. Significa que pueden necesitar ayuda adicional para aprender a reconocer y responder a las emociones de las personas.

Si su hijo tiene dificultad para mostrar empatía, hay cosas específicas que usted puede decirle y actividades que puede hacer que lo ayuden a desarrollar esta capacidad. Estas son ocho maneras de enseñar empatía.

1. Mostrar empatía a su hijo cuando esté molesto. Ser sensible a cómo se está sintiendo su hijo puede ayudarlo a entender cómo otros podrían responder cuando él muestre empatía hacia ellos. Así es como podría verse:

Usted está intentando tener la cena lista y su hijo le está pidiendo helado. En lugar de enfadarse, intente hacerle saber que usted entiende cómo se siente. Podría decirle: «Sé que quieres helado ahora, pero la regla es que primero es la cena y después el postre. Escribamos en el pizarrón cuándo puedes comer helado exactamente». De todas formas, ¡existen muchas maneras de mostrar empatía a los niños!

2. Comentar estrategias alternativas. Usted podría decirle (cuando esté tranquilo, no cuando esté alterado): «Hiciste un buen trabajo al esperar a que termináramos de cenar para comer helado. ¿Podíamos haber dicho o hecho alguna otra cosa para que nuestra conversación fuera más agradable?».

3. Practicar señales no verbales. Los niños que tienen dificultades con las habilidades sociales a menudo tienen problemas para captar las señales sociales. Por ejemplo, la mirada baja y la postura encorvada puede que no lo registren como estar «triste». Puede que necesiten ayuda para reconocer los diferentes mensajes del lenguaje corporal, las expresiones faciales y los tonos de voz, y saber lo que significan. Ver imágenes o programas de televisión sin volumen de audio, y ayudar a su hijo a identificar y nombrar las emociones que allí se expresan es una buena manera de practicar cómo reconocer e identificar las diferentes emociones.

4. Jugar. Aprender a ser empático no debería ser una tarea para su hijo, incluso usted puede hacer que sea divertido. Siéntese con su hijo en un banco en el parque o en la calle. Intenten adivinar el estado de ánimo de las personas que pasan y expliquen qué señales le hicieron pensar que una persona estaba feliz, triste o enojada.

Este tipo de juegos ayuda a su hijo a entender la manera en que las expresiones, el lenguaje corporal y el tono de voz pueden revelar cómo se siente una persona.

5. Representar roles en diferentes situaciones. Algunos niños con dificultades de atención o para socializar tienen problemas para imaginarse cómo se sienten los demás. Eso puede suceder en situaciones cotidianas o en circunstancias más serias, como cuando un familiar o un amigo está de duelo. Representar situaciones, como el no ser invitado a una fiesta de cumpleaños, puede facilitar que su hijo vea el punto de vista de la otra persona.

6. Dar ejemplo siendo empático en el momento. Cuando su hijo muestre falta de empatía en una situación social, demuéstrele cómo ser empático. Por ejemplo, de camino a la escuela ven que a un niño se le cae su proyecto de arte. Su hijo se ríe. Puede que usted esté tentado a corregir a su hijo en el momento. En lugar de eso, ayude a ese niño. Podría decirle: «¿Puedo ayudarte a ordenarlo? Permítenos ayudarte a llevar los libros».

7. Use ejemplos de mascotas. Cuando hablen de sentimientos, esta estrategia puede facilitar la discusión.

8. A punto para cambiar ligeramente las tácticas, si fuera necesario. Si preguntar «¿cómo te sentirías...?» no está funcionando, cambie el foco de atención hacia usted. Puede decir algo como: «Recuerdo una vez que estaba esperando para hacer mi encargo en una pizzería y tardaban demasiado. De repente alguien no se dio cuenta de que estábamos esperando en fila y ¡pidió su pizza antes que yo!».

Hablar de cómo se sintió en lugar de hacer que su hijo sea el protagonista en la situación, puede ser un cambio sutil pero eficaz que conduce a que la discusión sea menos intensa para un niño que está cansado de que le hablen de las habilidades sociales.

Otras maneras de ayudar a mostrar empatía y resiliencia

Los niños que tienen dificultad para mostrar empatía necesitan que se les enseñe esta importante habilidad de manera explícita. Sin embargo, no es un proceso rápido. Así que prepárese para enseñar empatía una y otra vez hasta que su hijo empiece a entenderla por sí solo. También es conveniente practicar otras habilidades sociales.

Descubrirá aplicaciones (apps) que suelen ayudar con las destrezas sociales de los niños. Aprenderán cosas sobre el pensamiento social, un enfoque para enseñar habilidades sociales y sobre las diferencias entre el TDAH y las discapacidades del aprendizaje no verbal. Y recuerde estos tres puntos clave:

• Ser sensible a lo que su hijo está sintiendo demuestra a su hijo lo que es la empatía.

• Participar en juegos en los que se practiquen las señales de comunicación no verbales puede ayudar a su hijo a sintonizarse con los sentimientos de los demás.

Para mejorar nuestra capacidad de empatía:

• Practicar la escucha activa con la intención de entender al otro.

• Partir de la base que tu forma de ver las cosas es única y que todos los puntos de vista son válidos y respetables.

• Entrenar la capacidad de entender las propias emociones como base para entender las de los demás.

• Enseñar a ser empático puede ser un proceso largo, así que esté preparado para enseñar esta habilidad una y otra vez.

7. Recursos. Relajación y meditación

«Allí donde el agua alcanza su mayor profundidad, se mantiene más en calma»

WILLIAM SHAKESPEARE

Recursos.
Relajación y meditación

«Ante todo mucha calma». Seguir el flujo

Según la filosofía taoísta china, la vida tiene un flujo natural. Igual que el agua del río recoge aluviones de las orillas en su sinuoso curso, también nuestras vidas recogen cosas (en forma de responsabilidades, hábitos y experiencias) a lo largo del tiempo. Para recuperar la calma, hemos de aprender que los obstáculos nunca deben detener el flujo: siempre debemos poder sortearlos. No vale la pena esforzarse en tratar de apartar del camino los obstáculos de la vida, cualesquiera que sean. Pensemos en la forma de esquivarlos: veremos entonces una agradable sensación de alivio.

Recuperar la calma

La relajación es un proceso curativo, un remedio para combatir los efectos del estrés y restaurar el equilibrio entre el cuerpo y la mente. Al mirar hacia nuestro interior podemos recobrar la calma y sintonizar con los ritmos corporales. Si aprendemos a relajarnos aplicando estrategias a largo plazo, así como identificando técnicas de relajación instantánea para los momentos de alta tensión, no necesitaremos poner parches a nuestra vida como beber, fumar o tomar drogas, estimulantes que en definitiva nos perjudican más todavía.

Una de las respuestas más comunes al estrés es «enterrar la cabeza bajo la arena» (es decir, pretender ignorar nuestras ansiedades). Pero, si no se alivia, la tensión se acumula en los músculos y en la mente poniéndonos rígidos e inflexibles, física y mentalmente, y, por tanto, más propensos al estrés.

EJERCICIO DE RELAJACIÓN

Una de las mejores formas de relajarse físicamente es disponer de un lugar tranquilo y cálido en el que reposar y concentrarse en aliviar la tensión de cada uno de los grupos musculares. Es un ejercicio para chicos y grandes, que incluso se puede hacer tomando un buen baño caliente.

- Cierra los ojos. Levanta los brazos, doblados por el codo y con los puños cerrados. Inspira profundamente y abre las manos mientras espiras. Baja los brazos suavemente e imagina que la tensión desciende por ellos. Puedes sentir un hormigueo en los dedos.
- Ahora levanta los hombros tanto como puedas. Siente la tensión en cabeza, hombros, cuello y tórax. Mantén un instante esta posición; después, libérala lentamente mientras espiras. Imagina que la tensión fluye hacia afuera. Tensa los músculos faciales torciendo el gesto y apretando los dientes. Mantenlos unos segundos y suéltalos.
- Sigue trabajando con los músculos, tensándolos y relajándolos así, prestando particular atención a la espalda, abdomen, nalgas y piernas. Cuando hayas terminado, te inundará una sensación de calidez y sentirás el cuerpo completamente tranquilo y relajado.

El filósofo griego Platón enseñaba que para tener un cuerpo sano hay que empezar por sanar la mente. Su enseñanza estuvo vigente hasta el siglo XVII, cuando la medicina moderna separó deliberadamente los estudios del cuerpo y la mente. En la actualidad, el péndulo ha vuelto a bajar y todo el mundo reconoce cada vez más que no podemos estar verdaderamente sanos si no nutrimos la mente tanto como el cuerpo. Buscamos el relax y la salud por medios holísticos, basados en la armonía de la salud mental y física.

Como resultado, se está popularizando de nuevo un amplio abanico de terapias alternativas orientales y occidentales que apelan a nuestros sentidos y ponen el énfasis en la relajación y el sueño reparador.

El arte de respirar

Respirar es la clave de la vida. Al respirar, el oxígeno alimenta cada célula del cuerpo y nos ayuda a estar sanos. La respiración está estrechamente ligada a nuestro estado mental. Cuando llevamos una vida tranquila y sin tensión, la respiración es calmada, profunda y regular. Pero si sube el nivel de estrés, se hace rápida, ligera e irregular.

La mayoría no respiramos adecuadamente. Años de estrés o preocupaciones nos han habituado a respirar ligero y rápido (en casos extremos, esto se llama hiperventilación) como si fuera normal. En general, solo llenamos de aire el tercio superior de los pulmones. Así que enseñaremos a los niños la importancia decisiva de respirar siempre por la nariz, y de que hagan inspiraciones profundas, que muevan no solo los pulmones, sino también el abdomen

Y enseñémosles que hay hábitos lamentables, como suspirar hondo, jadear y contener la respiración, que son señales de mala respiración. Y respirar mal provoca un desequilibrio en los niveles de oxígeno y dióxido de carbono que circulan por el cuerpo.

El hecho de no expulsar toxinas nos cansa y nos predispone a enfermar, que es lo menos conveniente en momentos de estrés. La hiperventilación es una de las causas principales de los ataques de pánico, y su persistencia puede provocar síntomas de pavor (punzadas en el pecho, entumecimiento, espasmos musculares e incluso un colapso total).

Dicho de otro modo, si aprendemos a respirar bien, mejoraremos nuestra calidad de vida.

La vela

Puede proponerse un ejercicio de visualización para comprobar si se respira bien. Siéntese cómodamente, aflójese la ropa y cierre los ojos. Imagine que tiene delante la llama de una vela. Céntrese mentalmente en ella mientras inspira y espira, y trate de apartar de su mente otros pensamientos.

Al inspirar, imagine que la llama se inclina hacia usted; cuanto más profunda sea la inspiración, más acusada la inclinación.

Al espirar larga y lentamente, la llama se aleja. El objetivo no es apagar la imaginaria candela, sino hacerla oscilar tanto como pueda.

Siga respirando así, pero coloque una mano en el abdomen y la otra en la parte alta del pecho. Si está respirando correctamente, al inhalar la mano inferior se ha de levantar más que la superior. En cuanto a la rapidez, el ciclo inspirar-espirar debería durar unos cinco segundos.

Yoga y estiramientos

También el yoga puede ayudar a relajarnos y a respirar adecuadamente… y ahora es fácil encontrar buenos libros de yoga para niños. Conviene hacer al menos una apreciación. A esas edades encontraremos cuerpos flexibles, con lo que lo mejor es proponer posturas fáciles de hatha yoga, como el saludo al sol (Surya Namaskar), la postura sobre los hombros (Sarvangasana), o posturas de relajación (como Savasana), vividas casi como un juego. Y en cuento a los estiramientos, lo más importante es que los hagan para desarrollar la costumbre de practicarlos habitualmente.

RESPIRACIÓN COMPLETA

La relación entre el ritmo respiratorio y el estado mental es la esencia de las prácticas de meditación y yoga. Esta práctica de respiración completa es un útil ejercicio de pranayama (el control respiratorio del yoga) que calma y sosiega la mente.

- Quítate los zapatos y aflójate la ropa. Tumbado en el suelo o en una cama, asegúrate de que tienes espacio por encima. Deja los brazos relajados a ambos costados.
- Cierra los ojos e inspira lentamente por la nariz. Espira lentamente también por la nariz; lo ideal es que la espiración dure el doble que la inspiración. Sigue respirando así durante uno o dos minutos, hasta que te sientas tranquilo.
- Cuando estés listo, inspira lentamente al mismo tiempo que levantas los brazos por encima de la cabeza. Al hacerlo, visualiza cómo los pulmones se van hinchando, llenándose de aire puro y nutritivo.
- Espira lentamente, vuelve los brazos al costado y relájate. Repite la secuencia tantas veces como quieras.

Olas del mar

En períodos de estrés agudo, tomarse un momento para ralentizar la respiración calma de inmediato. Los niños pueden comprenderlo acompasando su respiración, por ejemplo visualizando el ritmo de las olas. Imaginémonos tumbados en la cálida playa de una hermosa isla en medio del océano. Escuchad cómo las olas lamen la orilla. Registrad el ritmo de la respiración y procurad acompasarla con el ir y venir de las olas hasta confundirlo con ellas; la respiración será relajada, tranquila y sintonizada con el ritmo del agua.

Un sueño de calidad

Todo el mundo necesita despertar lentamente de un sueño reparador y pacífico, pero en edades de crecimiento todavía mucho más. Un sueño de calidad es esencial para el bienestar mental, corporal y espiritual. Es un tiempo de descanso profundo durante el cual los músculos se relajan y el cuerpo puede rejuvenecer y auto repararse tras los afanes del día; nuestra mente puede clasificar la vasta cantidad de información que inunda el cerebro durante el día; y los sueños nos ayudan a dar sentido a los problemas y afrontar soluciones. Por eso es tan importante desconectar y relajarse por la noche. Y dormir bien significa abandonar la luz azul de las pantallas.

Aunque las horas de sueño necesarias varían para cada persona, en general, dormimos más cuanto más jóvenes somos. Los bebés duermen de catorce a dieciséis horas diarias; a los cinco años dormimos unas doce horas por término medio y a la mayoría de los adultos les bastan siete u ocho horas.

Antes de ir a la cama hay que tomarse un tiempo para eliminar el estrés acumulado durante el día: escuchar una música suave o disfrutar de un baño bajo luz tenue. Una bebida caliente (leche vegetal caliente o una infusión) ayuda a relajarse.

Relajación para superar los miedos ante un examen

Los hombres sabios nos recuerdan que quizá en la vida no hay nada tan malo y peligroso como el miedo. En casi todos los casos de estrés, el miedo a lo que pueda pasar causa ansiedad. Si logramos combatir los miedos con eficacia, relajarse será mucho más fácil.

Los miedos pueden ser específicos, como el miedo a volar o a las arañas, o generales, como una sensación permanente de ansiedad que perdura desde hace tanto tiempo que ya no podemos determinar su causa. Sea cual sea la raíz del miedo, actuar sobre los síntomas inmediatos permite adquirir la claridad y confianza necesarias para descubrir sus causas y solucionarlas.

Un buen apoyo ante un examen: la confianza en las propias capacidades y la tranquilidad de la tarea realizada.

Por mucho que sea un enfrentamiento ante lo desconocido, ante un examen, lo mejor es ir bien preparados, así que sobre eso es lo que actuarán padres y profesores.

¿Y si se trata de una prueba oral? Insistimos: a menudo nos ponemos muy nerviosos al enfrentarnos a una situación desconocida. Por ejemplo, podemos sentirnos ansiosos antes de hablar en público delante de mucha gente. Pero nos sentiremos menos acobardados si nos preparamos emocionalmente. Empecemos por unas inspiraciones lentas, profundas. Cerremos los ojos e imaginemos el momento del discurso. Observemos al público expectante. Escuchemos sus cuchicheos. Miremos al estrado: parece extraordinariamente vacío y amplio.

Chicos y grandes probablemente notarán retortijones en el estómago, o que el corazón late más deprisa o que sudan las manos. Tengamos en cuenta estas sensaciones, pero no dejemos que nos preocupen; para ello, antes habremos hecho varias pruebas, de tal forma que enseñaremos a cada niño, a cada persona, que si conocen bien sus puntos fuertes y sus puntos débiles, el éxito será inevitable.

En paz con las emociones

Las sensaciones fuertes pueden ser devastadoras. Y si no somos conscientes de su fuerza, las emociones pueden hacernos olvidar la paz interior y dejarnos a merced de la tormenta. Cultivar la consciencia del poder que contiene cada emoción permite experimentar alegrías y tristezas sin ser dominados por ellas: mientras se debaten en el huracán, podemos permanecer desapasionados y tranquilos en el centro.

Algunas emociones, sobre todo las negativas como la ira o los celos, pueden ser difíciles de controlar: hay que sacarlas a la luz, conocerlas y comprenderlas. La próxima vez que sienta ira o envidia, por ejemplo, trate de escribir una carta a un amigo imaginario, o incluso a usted mismo. Explique todas las emociones negativas que siente, y sea tan sincero como pueda. Después lea lo escrito, inspire profundamente, rompa la carta y tírela a la papelera. Ahora escríbase otra carta ensalzando las maravillas de su vida: el amor de su familia, la belleza de la naturaleza, el apoyo de los amigo o el aprendizaje en la escuela. Lea también esta carta, pero no la tire. Guárdela en un cajón y reléala cuando sienta que le invaden emociones destructivas.

VISUALIZACIÓN: APAGAR EL FUEGO

Pensemos en lo refrescante que resulta despertarse a media noche y oír cómo las gotas de lluvia repiquetean en la ventana. Tras una sequía, la lluvia parece purificar nuestro espíritu y calmar nuestra atareada mente. Podemos aprovechar este natural poder curativo del agua en momentos de tempestad emocional.

Una metáfora muy utilizada para representar las emociones es el fuego; se habla, por ejemplo, de las llamas de la pasión, de ardientes deseos y del fuego incontenible de la ira. La mejor forma de apagar las llamas de la emoción es simplemente quedarse unos instantes a solas.

Cierre los ojos y piense en cómo se siente. Visualice sus emociones mediante la metáfora del fuego. Su ira puede ser un infierno en llamas; su pena, un círculo llameante que le rodea; su agobio emocional, un rescoldo de carbón en el hogar. Respire profundamente e imagine que una fina lluvia refresca su cuerpo y su espíritu. La lluvia ahoga las llamas, sale un poco de humo y el fuego desaparece para siempre, llevándose las emociones devastadoras.

Al liberar este lado negativo de las emociones se podrá afrontar con más calma y racionalidad las causas de los sentimientos profundos.

Energía positiva en casa

Hemos dedicado un capítulo a la convivencia familiar en casa (ver pág. 44), aquí solo queremos recordar la importancia de gozar de energía positiva en el hogar. A veces entramos en una casa y nos sentimos inexplicablemente incómodos, y todos hemos estado en casas que al instante nos parecen cálidas y acogedoras. Cada hogar contiene energías del pasado y el presente de sus habitantes.

La risa, la felicidad, la relajación y el amor imbuyen de vibraciones positivas un hogar, que se sentirá feliz al recibirnos y pacífico y confortable cuando lo habitemos. Sin embargo, si su hogar le parece poco acogedor, le agota a usted la fatiga o la depresión o le pone enfermo estar en él, limpiarlo de vibraciones negativas y llenarlo de energía positiva le ayudará a relajarse y lo convertirán en un paraíso.

Haga una limpieza a fondo de su casa: quite el polvo y las telarañas de los rincones más escondidos, así como de las superficies visibles.

Píntela con colores que le inspiren. Llene la casa con la música que le guste. Abra las ventanas para renovar el aire y llenar la casa de frescor. Puede avanzar más sobre las energías sutiles en casa dando un vistazo a un buen libro de Feng-Shui.

Meditación

¿Los niños deben meditar?

Todo lo que los niños aprenden de nuestro ejemplo, del grupo de compañeros de referencia, de los maestros y de los medios de comunicación les afecta a lo largo de la vida. Los mensajes contradictorios que reciben son causa de confusión y, por lo tanto, es esencial reforzar los aspectos positivos de la vida y proporcionarles una base sólida sobre la cual asentar su seguridad y su propia verdad. La meditación constituye una forma de conseguirlo.

Enseñar a los niños a meditar, a profundizar en sí mismos desde pequeños, es una tarea maravillosa. Así llegarán a la adolescencia y la madurez centrados y conscientes.

Y quién mejor para enseñarles que los propios padres. No es únicamente el niño quien se beneficia de la experiencia de ser conducido por su padre o su madre a lo largo del proceso de meditación, sino que también el adulto extrae provecho por el acercamiento íntimo que proporciona compartir dicha experiencia. A muchos nos parece que la meditación es cosa de adultos, y sin embargo, también puede resultar divertida y enriquecedora para los pequeños.

Hábitos muy útiles

Enseñándoles a meditar sentamos las bases de unos hábitos que les serán muy útiles durante toda la vida. Todos deseamos lo mejor para nuestros hijos. Meditar con un hijo es una forma muy especial de compartir y crear vínculos con él, de dedicarle tiempo y atención. Es un proceso que refuerza los recursos del pequeño para el futuro y le proporciona seguridad en sí mismo.

¿Cabe pedir algo más que reforzar en nuestros hijos la imagen positiva de sí mismos, afianzarlos en sus propios recursos, lograr que sean personas centradas? Los niños son vulnerables a los mensajes opuestos que nuestra sociedad les ofrece. Por eso vale la pena reforzar los mensajes que sean beneficiosos para su mente, su corazón y su espíritu.

Si aprenden valores positivos que ensalzan la vida, llegarán a la madurez con una fortaleza y un sentido del propósito que les servirán para triunfar durante toda la existencia. Si sucumben a ideas y valores negativos, es menos probable que en la edad adulta sean felices y se sientan seguros de sí mismos.

Desde que nacen hasta la edad de cinco años, los niños aprenden muchas cosas difíciles, como enfocar la vista, sentarse, gatear, descifrar la lengua oral, observar los movimientos y seguirlos, caminar, hablar, comer solos... En resumen, aprenden a convertirse en adultos autosuficientes en miniatura. El nivel de desarrollo que alcanzan en tan corto período de tiempo es verdaderamente asombroso.

Si potenciamos al máximo su receptividad para que lleguen a confiar en sus propios recursos, les prepararemos mejor para enfrentarse al futuro. Existen varias formas de ayudarles a aumentar la fortaleza: reforzar constantemente sus cualidades positivas, ayudarles a encontrar la forma de dominar sus actitudes negativas, ofrecerles cariño y confianza con sinceridad absoluta, construir su delicado ego o permitirles la libre expresión y el libre ejercicio de su personalidad.

Imaginación y meditación

A través de la meditación se pueden lograr todas estas cosas. Los niños necesitan hasta la última gota de dedicación y atención que podamos darles, si queremos que se enfrenten al futuro con fortaleza y conscientes de sus metas.

La meditación es como abrir un libro, como abrir una puerta para invitar a los niños a entrar en una forma de pensar diferente que les proporcionará una seguridad en sí mismos que nunca habrá de abandonarles.

La meditación es beneficiosa a cualquier edad. Los niños son muy receptivos y aceptan conceptos que a veces resultan difíciles para los adultos. El proceso de absorción es diferente en el caso de los niños: pueden sentir que llegan volando a la luna, mientras que un adulto tiende a pararse a pensar en las dificultades; pueden sentir la magia en el aire, mientras que el adulto práctico diría: «¿qué magia?».

Para los niños no existen razones que les impidan volar a la luna o percibir magia a su alrededor, porque poseen una mentalidad capaz de aceptar que esas cosas están ahí a su entera disposición. Los niños están dotados del don de la imaginación, y vale la pena estimularlos para que cultiven y aumenten su capacidad mental mediante el uso de dicho don, que a su vez potencia la creatividad. La meditación y la imaginación son buenas amigas. Ambas contribuyen a desarrollar en el niño unos medios de expresión que tal vez no llegue a encontrar de otra forma. Puesto que los pequeños tienen gran capacidad de adaptación, se aficionan a la meditación con mucha facilidad.

Os proponemos un par de ejercicios de meditación descritos a modo de cuento (encontraréis más en los libros de Maureen Garth, ver pág. 159), que sugieren una gran riqueza de imágenes y estimulan la imaginación y la creatividad del niño. Todos los ejercicios se desarrollan en un jardín donde el pequeño se siente seguro, donde nada puede hacerle daño. Arrancan con una estrella porque facilita el estado mental necesario para meditar. El jardín en sí es muy importante: allí el niño se siente seguro y contento de lanzarse a la aventura de la meditación.

Si enseñamos a los niños a meditar, les resultará muy beneficioso durante la infancia, la juventud y la madurez. Favoreceremos la adquisición de hábitos que propician el autocontrol y la seguridad en sí mismos. La meditación introduce calma y serenidad en nuestras vidas, pues sosiega la mente y el espíritu. Si enseñamos a nuestros hijos a meditar, les estaremos proporcionando una base sólida para su fortaleza y sentaremos los cimientos de una práctica que les durará toda la vida.

El tono de voz

Se trata de meditaciones no muy largas, siempre pueden adaptarse y al hablar hay que hacerlo lentamente, en tono relajado, deteniéndonos tras cada frase para que calen en la mente, porque así, el niño, que tiene los ojos cerrados y está concentrado en sí mismo, visualiza y siente más fácilmente lo que describimos. La forma de usar la voz es importante. Es más sencillo si se baja el tono un poco, hablas más despacio e imprimes a tu voz un matiz tranquilizador.

Meditaciones para niños

VIAJE EN GLOBO

Notas el aire fresco y limpio en la piel y la suave brisa que te revuelve el pelo cuando sopla en el jardín.

Las flores de colores se yerguen orgullosas, contentas de compartir su belleza contigo. La tierra ha absorbido los rayos del sol y está calentita bajo tus pies.

Algunos animales que comparten el jardín contigo se acercan a saludarte y parece que están emocionados. El león se aproxima a ti con su hermosa melena al aire y te dice hola con un gruñido. Los conejos salen de sus madrigueras y mueven los bigotes. Un mono pequeño te tira de la manga para que vayas enseguida a ver al abuelo árbol.

Entre las ramas del viejo árbol anidan muchos pájaros, unos cuantos se ahuecan las plumas al posarse. Otros llevan comida a sus polluelos, que esperan en el nido, protegidos y seguros.

El abuelo árbol mueve las ramas y te saluda con un rumor de hojas verdes. El mono trepa por el grueso tronco y, desde una rama, señala ilusionado, hacia el claro.

¡Caramba! ¡Es un gran globo con una cestita de mimbre colgada debajo! El globo tiene rayas verticales de color morado, rosa, malva y amarillo, que se estrechan por arriba y por abajo y en el centro son más anchas. Los colores son intensos y destacan mucho contra el profundo azul del cielo. El sol calienta la tierra, envuelve los colores en su luz y los hace brillar.

¿Por qué no te subes a la cesta? Ya verás como es más grande de lo que parece desde fuera y, además, muy cómoda. El globo se eleva sobre tu cabeza y empieza a moverse en la suave brisa. Llega el viento del norte y pregunta si quieres que sople un poco alrededor del globo y así no solo te elevarás por el aire sino que podrás viajar sobre los campos.

Este globo funciona con una palanca que está situada en la cesta. Empújala poco a poco hacia delante y el globo despegará del suelo y volará despacio hacia el cielo.

El abuelo árbol se despide moviendo las ramas y los pájaros saltan de las ramas para acompañarte en el vuelo. Los animales se quedan sentados en el claro esperando a que vuelvas.

Por la parte de dentro de la cesta hay un banco todo alrededor para sentarse, y está tapizado de satén morado. Algunas de las cuerdas que sujetan el globo a la cesta tienen un gran lazo amarillo y la cola de los lazos flota en el aire detrás de ti a medida que el viento te lleva.

El globo puede llevarte a donde quieras. Puedes subir mucho por el aire, más que nunca, o pedir al viento del norte que sople un poco sobre el globo y la cesta y os haga girar en espiral.

Cuando quieras bajar a tierra, lo único que tienes que hacer es tirar de la palanca hacia ti y enseguida el globo empezará a bajar despacio y se posará en el suelo con un golpecillo ligero.

¿Dónde has aterrizado? A lo mejor has vuelto donde el abuelo árbol y los animales, pero quizá has ido a otra ciudad, a otra parte, a otro país...

LA CHISTERA MÁGICA

Las flores atrapan los rayos del sol levantando la corola. Oyes correr una brisa ligera entre las hojas de todos los árboles que hay en el jardín. Cuando entras, notas una gran emoción en el ambiente. Los pájaros vuelan velozmente en una sola dirección y los conejos, que salen de las madrigueras, pasan por tu lado saltando y haciendo ruido cada vez que tocan el suelo con las patas. ¿Por qué no los sigues, a ver adónde van?

No es fácil seguirles el paso porque van muy deprisa, pero ahora frenan un poco y te esperan. Uno te da la mano y, al correr con los conejos, te parece que vuelas a ras de tierra.

Los conejos se paran y señalan un taburete de tres patas que hay cerca del abuelo árbol. En el centro del taburete hay un sombrero de copa alta y parece que lo han dejado allí para que lo cojas.

Es una chistera de color verde con algunas pinceladas amarillas esparcidas. El ala es ancha y tiene una cinta de colores alrededor con un gran lazo a un lado. ¿Por qué no te la pruebas? Creo que es una chistera mágica y, cuando te la pongas, sabrás hacer cualquier truco para entretener a los conejos y a los demás animales que se van acercando.

Mira, ahora que ya te la has puesto, puedes sacar cartas de debajo de la cinta y de tus mangas. Por debajo del ala asoma un pañuelo blanco que puedes ponerte alrededor del cuello, si quieres.

¿Por qué no te quitas la chistera y miras lo que hay dentro? ¡Caramba! ¡Hay una bonita paloma blanca, y además creo que ha puesto un huevo! Cógela en la mano, si te apetece, y si con la otra coges el huevo, a lo mejor se abre.

¡Cuánto vas a divertirte con la chistera! Si quiere, puede hacerte desaparecer. Póntela y pide el deseo de ser invisible. Cuando lo seas, puedes ir por todas partes sin que nadie te vea. ¡Qué divertido!

Ese sombrero tan especial puede llevarte también a donde quieras. Si deseas ver a una persona, póntelo y aparecerás donde te apetezca en un visto y no visto. A lo mejor quieres ver a una amiga o viajar a otro país. La chistera puede llevarte a Disneylandia, donde están los personajes de Disney, o al Polo Norte, para que juegues a resbalar por el hielo...

La chistera mágica es genial. Cuando te la pones, te entra mucha alegría y muchas ganas de reírte mientras la llevas puesta. ¿Por qué no te ríes, si te hace tanta gracia la chistera...?

8. Cuentos y juegos

«Los juegos son la forma
más elevada de investigación»

ALBERT EINSTEIN

Cuentos y juegos para desarrollar una educación emocionalmente inteligente

Fábulas para niños sobre la frustración

La lechera

Un cuento con moraleja que habla de la ambición, la frustración y la decepción a los niños.

Gracias a las fábulas podemos enseñar a los niños valiosas lecciones y valores importantes en su educación. Hemos seleccionado una versión de esta conocida fábula de Félix Samaniego, para que padres e hijos hagan una lectura que habla sobre la ambición, la decepción y la frustración.

Las fábulas son relatos cortos que reflejan una enseñanza, recogida a través de una moraleja. Estos cuentos cortos no solo sirven para educar a los niños en emociones con la frustración, la ambición o la decepción, como en el caso de «La lechera», también son relatos divertidos harán aumentar el interés del niño por la lectura.

El relato

Había una vez una niña, hija de un granjero, que ayudaba a sus padres en las tareas de casa y en el cuidado de los animales de la granja.

Una mañana, tras recoger la leche de las vacas, la madre de la niña se sintió mal y no se encontraba bien para salir de casa. Entonces, pidió a su hija que llevara la leche al mercado para venderla. La niña, muy responsable, le contestó muy contenta que sí. Y más contenta se quedó cuando su madre le prometió que todo el dinero que ella ganase con la venta de la leche, sería para ella. La niña cogió el cántaro lleno de leche y salió de la granja en dirección al pueblo. Por el camino, ella empezó a hacer planes futuros con lo que ganaría:

—Cuando yo venda esta leche, compraré trescientos huevos. Los huevos, descartando los que no nazcan, me darán al menos doscientos pollos. Los pollos estarán listos para mercadearlos cuando los precios estén en lo más alto, de modo que para fin de año tendré suficiente dinero para comprarme el mejor vestido para asistir a las fiestas.

Y seguía ensimismada en sus pensamientos:

—Cuando esté en el baile todos los muchachos me pretenderán, y yo los valoraré uno a uno.

Pero en ese momento la niña se despistó y no se dio cuenta de que había una piedra en el medio del camino y acabó tropezando en la piedra y cayendo en el suelo. El cántaro voló por el aire y se rompió derramando toda la leche al suelo.

La niña, decepcionada y herida, se levantó y lamentó:

—¡Qué desgracia! Ya no tengo nada que vender, no tendré huevos, ni pollitos, ni vestido... eso me pasa por querer demasiado.

Y fue así como la niña, frustrada, se levantó, volvió a la granja y reflexionó sobre la oportunidad que tuvo y que la derramó por el suelo.

Moraleja: no seas ambiciosa de mejor y más próspera fortuna, porque vivirás ansiosa sin que pueda saciarte cosa alguna. No anheles impaciente el bien futuro, mira que ni el presente está seguro.

Comprender la frustración en los niños

La frustración es una emoción poderosa porque es el germen de emociones más gruesas como pueden ser la ira, la cólera o la furia. Para que esto no ocurra la frustración 'nos invita' a hacer gala del autocontrol y evitar que se produzca una actitud mucho más agresiva en la persona.

Esta es la principal razón por la que tenemos que aprender a gestionar y manejar la frustración, para no hacernos daño a nosotros mismos y a los que nos rodean, y en el que caso de los niños ocurre lo mismo. La frustración, como todas las emociones, se aloja y vive en el cuerpo de la persona. Cuando 'empieza a despertarse', el cuerpo emite unas señales (el corazón se agita, el cuerpo se tensa...) y ahí está la clave: en saber detectar estos síntomas para, a la largo, aprender a gestionar la frustración.

No hay que contener, ni tapar, ni esconder, hay que detectar y permanecer alerta antes los primeros síntomas para conocer el origen y así poder hacerle frente a la frustración. Y es que esta emoción aparece cuando un objetivo o un deseo se ve bloqueado por la realidad y, en muchos casos, se busca una diana o alguien a quien echarle la culpa. Ejemplo: esa madre que le ha dicho a su hijo que no le va a comprar una gominola o le ha prohibido jugar a su videojuego favorito.

Más fábulas para niños

En *guiainfantil.com* encontraréis abundantes cuentos y narraciones para que los niños desarrollen emociones inteligentes. Fábulas sobre la amistad, con valores, cortas (incluso en inglés), para contar a la hora de dormir... Hemos encontrado textos inspiradores sobre aceptación, alegría, asco, celos, compasión, deseo, ira y frustración, enfado, envidia, inseguridad, remordimiento y miedo, por supuesto.

Invitemos a los niños a descubrir y disfrutar el fantástico mundo de los cuentos y relatos inspiradores!

Actividades caseras

Para enseñar a tus hijos a gestionar sus emociones

Presentamos actividades caseras y juegos que eduquen en la inteligencia emocional para niños de alrededor de 8 años. Veamos algunas es-

trategias en forma de actividades caseras y juegos con los que los niños van a ir aprendiendo a gestionar sus emociones.

• **Juego de mesa: Reaccionando diferente.** Este es un juego casero muy sencillo que puede jugar toda la familia. Para preparar el juego solo tendrás que escribir en tarjetas blancas dos tipos de fichas:
- *Situación* (Aquí deberás incluir las situaciones cotidianas que se te ocurran): Perder la mochila, bañarte con agua fría, comer algo que no te gusta, que un coche te moje en la calle, perder en un juego, echar una porra en un partido, tener gripe, hacer un examen muy difícil, etc.
- *Reacción* (En esta deberás anotar diferentes formas de reaccionar): Cómica, trágica, asustada, entusiasta, negativa, enojada, ansiosa, triste, adormilada, feliz, etc.

Cada jugador sacará una ficha de cada montón y deberá pasar a actuar durante al menos un minuto la situación con la reacción que le tocó. Además de ser muy divertido, es una forma de trabajar con el tema y descubrir cómo una situación puede vivirse de formas distintas y poner en perspectiva situaciones que en ocasiones nos parecen muy malas.

• **Reflexionar con cuentos y películas.** A esta edad nuestros hijos son mucho más reflexivos y capaces de sacar importantes aprendizajes de cuentos y películas relacionados con las emociones. Es importante que pongamos a su alcance materiales que fomenten en ellos gestión de emociones, habilidades de inteligencia emocional y valores y que las comentemos con ellos, sacando el mayor provecho de cada experiencia.

• **Trabajar la autoestima.** A los 8 años los niños se vuelven observadores y tienden a compararse más con aquellos que son mejores que ellos en algún deporte, en calificaciones, en popularidad, etc. Fácilmente pueden perder seguridad por alguna mala situación que les toque enfrentar y si no nos mantenemos atentos, ello puede eventualmente afectar su autoestima.

Es muy importante reforzar todo lo que les hace especiales y ayudarles a apreciar las cualidades y habilidades de los otros sin sentirse mal por ello.

Jugar para que todos ganen

Los juegos cooperativos

Disponemos de juegos de todo tipo: populares, tradicionales, competitivos, de mesa, al aire libre, para niños pequeños, adolescentes, adultos, ancianos, etc. A los juegos cooperativos los podríamos definir apuntando que son aquellos en los que la diversión prima por encima del resultado, en los que no suelen existir ganadores ni perdedores; son los que no excluyen, sino que integran, los que fomentan la participación de todos y en los que la ayuda y cooperación de los participantes es necesaria para superar un objetivo o reto común. Se juega con otros, y no contra otros.

El objetivo del grupo es más importante que las ambiciones personales, y se intenta que cada miembro aporte sus mejores cualidades para lograr superar el desafío. No existe (o más bien, no importa) el resultado final, lo cual centra el interés en la participación, en el mero hecho de pasárselo bien.

Los juegos de espíritu cooperativo (aunque en algunos juegos existan ciertos elementos competitivos, lo importante es la conducta, el espíritu con el que se jueguen) ofrecen una visión alternativa al mundo del juego, tradicionalmente estructurado en torno a la figura del vencedor y sus premios. Aquí importa el hecho de jugar, el juego con otros.

Lo qué aportan

Empezaremos utilizando el lenguaje coloquial (el que suelen usar los niños, grandes protagonistas de este tipo de juegos, pero no los únicos) para decir que los juegos cooperativos quieren, ante todo, crear buen rollo. Es su gran aportación, porque es difícil (casi se diría que imposible) ver que hay disputas, peleas o polémicas en un juego de espíritu cooperativo. Lo iremos viendo más adelante, pero estas actividades fomentan, como su nombre indica, la cooperación, la conjunción de esfuerzos para superar un reto, el ansia de crecimiento y superación.

Muchos de los que han dirigido (y practicado) juegos de este tipo aseguran que han mejorado notablemente sus relaciones sociales, que han perdido el miedo al ridículo o a relacionarse con los demás. También hay casos en los que los juegos han servido para que algunas personas que no se llevan bien o que están directamente enfrentadas (caso

de algunos juegos aplicados a la empresa), por uno u otro motivo, se hayan acercado gracias al juego.

Al reducir o eliminar la competitividad, los juegos de tipo cooperativo reducen la agresividad de sus participantes. Se multiplican así las posibilidades de que todo el mundo pueda participar, hasta los más tímidos, los menos hábiles o los menos capaces en los deportes tradicionales. Los que normalmente no participan en los juegos por falta de confianza, sentimiento de inferioridad o porque piensan que no estarán a la altura, podrán ir cambiando de opinión en las actividades cooperativas. En ese sentido, los juegos cooperativos son una buena herramienta de comunicación, pero también sirven para ganar confianza en uno mismo.

Y también de creatividad, porque cada participante puede aportar lo que considere oportuno. Nada mejor que intentar superar un reto o un desafío imaginando la mejor solución, pensando en el mejor camino para hacerlo (¡sin romper las reglas!). En la mayoría de ocasiones se trata, al fin y al cabo, de desarrollar la manera de alcanzar el reto común, y eso ayuda a resolver problemas y a estimular cuerpo y mente.

Los juegos cooperativos, muchas veces, también aportan un plus importante: pueden ayudar a conocer mejor la naturaleza, a comprenderla y respetarla. Existen muchos juegos que se desarrollan en ambientes abiertos, naturales, al aire libre, un bosque o una arboleda, y cuyo espíritu es precisamente ese: conocer mejor el medio ambiente para respetarlo más.

Diferencias de los juegos competitivos

¿Para divertirse es obligatorio ganar? En una sociedad cada vez más competitiva, se juega para ganar. No para divertirse, pasar el rato, relacionarse con los demás, hacer amigos o aprender, sino para obtener el primer premio, recibir los honores y quedar por delante del resto. Esa es la gran satisfacción... en los juegos competitivos. En ellos manda el resultado, por encima del juego.

Y, como es lógico, ganador solo puede haber uno.

¿Qué ocurre entonces? Que el resto de participantes se sienten derrotados. A veces, esa sensación lleva a frustraciones que se trasladan a otros ámbitos de la vida y que dan lugar a graves problemas. Los juegos y deportes competitivos han llegado al punto de identificar diversión con victoria: si no ganas, no te diviertes.

Los juegos cooperativos representan todo lo contrario. El fin en sí mismo es la diversión, no el resultado. ¿Qué significa esto? Pues que en los juegos cooperativos todos los participantes se divierten, no solo los que ganan (porque en realidad no existen vencedores ni vencidos). Así se evitan los problemas antes citados: nadie tiene por qué irse a casa con una sensación de derrota o de fiasco.

Sin errores. En los juegos competitivos, el error se paga caro. Muchas veces, es sinónimo de derrota o de eliminación, lo cual provoca que los participantes puedan estar nerviosos o temerosos de fallar. Los

juegos cooperativos pueden ser más flexibles, y en ellos el error es parte del juego, se ve como algo natural, fácilmente aceptado y rápidamente olvidado, porque fallar no significa dejar el juego. Aquí no existe la presión constante del miedo al fallo, sino una libertad que permite que chicos y grandes desarrollen mejor sus capacidades y se sientan más a gusto. Y todo son ventajas: son fáciles, son sanos, son flexibles, son baratos, son creativos, son ecológicos… ¡y no son agresivos!

CÍRCULO DE AMIGOS

Espacio: cualquiera, a ser posible amplio
• Edad: 7- 1 2 años
• Material: ninguno
• Número de jugadores: entre cinco y diez
• Desarrollo: Los participantes, de pie (aunque también pueden estar de rodillas), forman un círculo, hombro con hombro. Uno de ellos se pone en medio del círculo y, manteniendo el cuerpo rígido y los brazos pegados al cuerpo, se deja caer hacia algún lado. Lógicamente, se trata de que sus compañeros colaboren para evitar su caída al suelo, sujetándole cada vez que se balancee hacia uno de ellos y empujándole suavemente hacia otra dirección. Luego, los participantes se turnan. Arriesgando un poco más, se puede ampliar el círculo dejando más espacio entre los participantes.

TRONCOS RODANTES

- Espacio: cualquiera, a ser posible amplio
- Edad: 7- 12 años
- Material: ninguno
- Número de jugadores: cualquiera
- Desarrollo: Los troncos son los jugadores: se tumban uno al lado del otro boca abajo en el suelo, sobre una estera, una alfombra o la hierba. El que hará de «jinete» se tumba también boca abajo, pero perpendicular a los troncos, y no sobre la hierba o la alfombra, sino encima de las espaldas de sus compañeros. Todos los troncos empiezan a rodar en la misma dirección, con la intención de llevar al jinete a su gusto, a veces a toda velocidad y otras muy suavemente.

Cuando el jinete ha pasado sobre el último tronco, se convierte en un nuevo tronco rodante al final de la fila. El primer tronco pasa a convertirse entonces en el jinete, y el juego puede seguir hasta que se llegue al final del gimnasio o del salón, si es que se practica en un espacio cerrado.

LAS ESTATUAS

- Espacio: cualquiera, a ser posible amplio
- Edad: a partir de 4 años
- Material: ninguno (aunque se puede usar un pañuelo o venda para taparse los ojos)
- Número de jugadores: entre 4 y 15
- Desarrollo: Un jugador se tapa los ojos. Mientras, el resto de participantes adopta una postura curiosa o especial. El «ciego» debe emparejar al resto de jugadores en función de la postura que hayan adoptado.

SUBIR DE ESPALDAS

- Espacio: cualquiera, a ser posible amplio
- Edad: 4-8 años
- Material: ninguno
- Número de jugadores: parejas
- Desarrollo: Dos jugadores se sientan espalda con espalda, con las rodillas dobladas. Intentarán levantarse apoyándose de espaldas uno en el otro sin mover los pies. También se puede intentar en grupos de tres, cuatro o cinco.

ARRANCAR CEBOLLAS

- Lugar: espacio amplio
- Edad: 4-14 años
- Material: ninguno
- Número de jugadores: ilimitado
- Desarrollo: Un jugador se sienta apoyado en una pared, abre las piernas y delante de él se van sentando con las piernas abiertas, todo lo apretados que puedan, el resto de participantes. Entonces, se cogen todos, uno a uno, por la cintura, y con fuerza. Luego un jugador coge de las manos al primero de la fila e intenta arrancarlo de sus compañeros.

Cuando lo consigue, el «arrancado» se pone detrás de quien lo ha arrancado, lo coge a su vez de la cintura y le ayuda a arrancar a los demás. Se puede dar por terminado el juego cuando todos han sido arrancados.

SILLAS COOPERATIVAS

- Lugar: cualquiera
- Edad: a partir de 11 años
- Material: tantas sillas como jugadores
- Número de jugadores: entre cuatro y quince

• Desarrollo: Se trata de jugar a las sillas musicales pero con un significativo cambio: aquí no hay eliminados. Se colocan las sillas formando un círculo, y los jugadores alrededor. El animador conecta la música y los participantes comienzan a dar vueltas alrededor de las sillas. Cuando la música se detiene, todos los jugadores deben subirse encima de alguna silla.

En cada turno se quita una silla, pero no se elimina a ningún jugador, de forma que cada vez será más difícil que todos se suban en las sillas, pero ahí estará lo divertido del juego. Nadie puede quedarse con los pies en el suelo, y unos deberán ayudar a otros a subirse.

Cuando sea totalmente imposible que todos los participantes se suban en las sillas se puede dar por concluido el juego... ¡y a empezar de nuevo!

Para saber más. Bibliografía

Agulló, María Jesús, y otros. *La educación emocional en la práctica.*
  Ed. Cuadernos de Educación.
Bilbao, Álvaro. *El cerebro del niño explicado a los padres.*
  Ed. Plataforma.
Bisquerra, Rafael (coord.). *Educación emocional.*
  Ed. Desclée De Brower.
Bisquerra, Rafael. *Educación emocional - 10 ideas clave.* Ed. Graó.
Brewer, Sarah. *Relajación fácil.* Ed. Integral.
Elias, Maurice J. y otros, *Educar con inteligencia emocional.*
  Ed. Debolsillo.
Fontana, David y Slack, Ingrid. *Enseñar a meditar a los niños.*
  Ed. Oniro.
Garth, Maureen. *Rayo de sol, meditaciones para niños.* Ed. Oniro.
Giraldo, Javier. *Juegos cooperativos.* Ed. Océano Ámbar.
Glennon, W. *La inteligencia emocional de los niños.* Ed. Oniro
Jenkins, Peggy J. *El despertar espiritual del niño.* Ed. Robin Book.
Lantieri, Linda. *Inteligencia emocional infantil y juvenil*
  (ejercicios con CD). Ed. Aguilar.
Malaisi, Lucas J.J. *Descubriendo mis emociones y habilidades.* Ed. Paidós.
Núñez, Cristina y Valcárcel, Rafael P. *Emocionario: di lo que sientes.* Ed.
  Palabras aladas.
Pantley, Elizabeth. *Kid cooperation.* Ed. New Harbinger.
Torrabadella, Paz. *Cómo desarrollar la inteligencia emocional.*
  Ed. Integral.

Agradecimientos:

Gabriela Matienzo (psicóloga infantil), Paz Torrabadella (psicóloga), Begoña Ibarrola (psicóloga), Rafael Bisquerra (doctor en pedagogía, catedrático de orientación psicopedagógica), María Lázaro (psicóloga), Marina Borrás (periodista), Carolina Moreno Romero (psicóloga), Bertrand Regader (psicólogo), Úrsula Perona (psicóloga), Valeria Sabater (psicóloga).

Susan Benjamin

EDUCAR JUGANDO

Actividades creativas
y divertidas con niños

Laura Bishop

Ideas
para divertir a los
niños

Juegos al aire libre, manualidades y
pasatiempos creativos para estimular
su imaginación

25.000
NOMBRES
DE
BEBÉ

La mejor guía para escoger
el nombre adecuado

Básicos
de la
Salud

Smoothies
para niños

Mireille Louet

Una alternativa muy
saludable a los desayunos y
meriendas tradicionales